Salvatore M.Ruggiero

FARO MAGICA

Bergman a Faro - Faro e Bergman

(Saggio)

1

Cartina geografica di Gotland e Faro.

Cartina geografica di Faro.

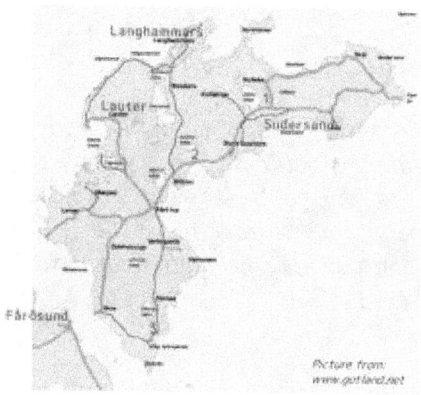

La bandiera di Gotland.

Tre frasi di Ingmar Bergman:

"La verità è che io vivo sempre nella mia infanzia, giro negli appartamenti in penombra della mia infanzia, passeggio per le vie silenziose di Uppsala, mi fermo davanti alla Sommarhuset ad ascoltare l'enorme betulla a due tronchi. Mi sposto con la velocità di secondi. In verità, abito sempre nel mio sogno e di tanto in tanto faccio una visita alla realtà."

"A Faro io non sono mai solo. Non penso mai a me stesso come a un solitario. Qualche volta io passo giorni interi senza parlare con nessuno. A volte mi è piacevole non parlare. A me piace parlare. Il problema non è questo. Non sto filosofeggiando, anche perché non sono bravo a filosofeggiare. Sto solo dicendo che il silenzio può essere meraviglioso."

"Non appartengo a nessuna religione, non ho mai avuto bisogno di nessun Dio, o salvazione, o vita eterna: io sono il mio Dio, provvedo io stesso a contornarmi d'angeli e demoni, vivo su una spiaggia pietrosa sommersa nelle onde di un mare che mi protegge."

PRESENTAZIONE DELL'AUTORE

Faro, l'isola delle pecore o l'isola del viaggio.[1] Faro l'isola di Ingmar Bergman. Faro è distante dal resto del mondo, com'era distante Ingmar Bergman dal resto del mondo e anche dai suoi abitanti: e non solo in senso geografico. Il concetto, infatti, vale per entrambi: per l'isola e per il regista. Perché l'isola di Faro e Ingmar Bergman sono un tutt'uno. Parlare degli ultimi quarant'anni della vita di Bergman e parlare di Faro è la stessa cosa. Faro è la metafora dell'isolamento, geografico e intellettivo, di Bergman dal resto del mondo e dai suoi abitanti. Non è un caso che io abbia voluto contrappuntare il titolo di questo mio lavoro con un chiasma che può apparire ovvio ma che ha l'ambizione di essere assai eloquente. I destini dell'uomo e del luogo si sono intrecciati per circa quarant'anni; uno spazio temporale abbastanza lungo per qualsiasi uomo; infinitesimo rispetto alla durata del luogo. L'individuo e l'artista sono stati ispirati dal luogo; la loro anima si è impregnata degli umori dell'isola, influenzata fin dal primo momento. Bergman, è risaputo, trasse una profonda ispirazione dai paesaggi scabri e rocciosi, e dalla forza magnetica, viscerale, arcaica e selvaggia di quella natura primitiva. Risiede in questo assunto la spinta interiore irresistibile che mi ha portato a scrivere di questo argomento che appare tipicamente bergmaniano, ma è anche universale: il rapporto osmotico tra l'uomo e il suo luogo dell'anima. Questo mio libro, quindi, non sarà altro che un viaggio fisico ma anche e soprattutto intellettivo negli spazi bergmaniani: di vita e speculativi. E per questo semplice motivo mostrerà un particolare riguardo per le opere che hanno più strettamente a che fare con Faro; o perché da quell'isola sono state ispirate o concepite, oppure perchè in quel posto divenuto tipicamente, fortemente e profondamente bergmaniano, sono state scritte, girate o post-prodotte. Stesso riguardo dovuto a Liv Ullman e Ingrid Von Rosen, le

---

[1] *"Il rebus riguarda l'etimologia di* Faro. *In svedese,* far *significa pecora e* o *isola. Quindi niente di più facile che pensare a* Isola delle pecore. *Ma* fard *significa* viaggio*, di qui l'ipotesi che* Faro *possa significare:* isola di passaggio*, quindi:* Isola da viaggiare." (Aldo Garzia, *The Genius.*)

5

due compagne di vita che in momenti diversi divisero la loro permanenza sulla sua isola. E riguardo uguale per le altre due personalità che legarono i loro destini all'isola. Infine, riguardo anche per il paesaggio, le cose, gli animali, gli abitanti e l'isola che Bergman così tanto amò.

1 – ISOLA E ISOLAMENTO.[2]

La piccolissima isola di Faro, dove risiedono non più di 5-600 persone, si trova a nord della grande isola di Gotland, separata dallo Stretto di Faro, attraversabile solo in traghetto. E' un'isola caratterizzata da una natura incontaminata, ampie foreste di conifere e di betulle[3], mare cobalto, tramonti screziati di grigio e d'arancio, campi affollati di pastori, di pecore e cani, coste disseminate da una miriade di minuscoli villaggi di pescatori, fatti anche di sole tre case.

E' un'isola dove il tempo si è fermato e quello del grande regista, purtroppo, si è ...chiuso definitivamente, dopo quasi 40 anni di residenza interrotta solo dai sei o sette anni di esilio volontario al quale il grande regista si sottopose dal 1976[4] al 1982 a causa dei noti problemi fiscali col governo svedese[5]. *"In questa storia complicata e penosa, che si protrasse per diversi anni, che procurò a me e ai miei non poca sofferenza, che mi costò un patrimonio in parcelle per gli avvocati, che mi spedì all'estero per nove anni e che infine si concluse col pagamento di una differenza di 180.000 corone (senza multe né ulteriori disposizioni), in tutta questa storia posso riconoscere una sola colpa, ma grave: ho sottoscritto carte che non ho letto e tanto meno capito."*

---

2 *"A rendere così singolare l'opera di Ingmar Bergman è solo la solitudine, l'isolamento in cui è stata realizzata."* (Antonio Costa, *Ingmar Bergman*)

3 *"Se da noi la betulla, rimasta al di qua delle Alpi dopo l'ultimo periodo glaciale, è albero solitario o a piccoli gruppi forma allegre macchie chiare nei boschi misti, oltre le montagne, su verso il Grande Nord, quest'albero forma estesissime foreste perché, più di ogni altro, sopporta i grandi geli e gli sbalzi termici."* (M.Rigoni Stern, *Arboreto selvatico.*)

4 *"Il mio esilio volontario ebbe inizio nella primavera del 1976 a Parigi."* (Ingmar Bergman, *Lanterna magica*)

5 Ingmar Bergman fu accusato di frode fiscale, un reato molto grave per la rigida legislazione svedese. Il processo si concluse col pagamento di una piccola multa.

Il regista rimase assai turbato dalla violenza inusitata con cui era stato attaccato dalla burocrazia del suo paese; visse per molto tempo in uno stato di delusione e di prostrazione profonda che aggravò non poco il suo già provato apparato digestivo. *"Anche questo mi sembra privo di senso. Dilettantismo, senso del dovere e goffaggine si sono dati la mano. Bisogna capirlo. E' svedese. Un giorno, forse, scriverò una farsa su questo argomento. Anch'io dico come Strindberg quand'era arrabbiato: ...sta attento bastardo, c'incontreremo nel mio prossimo dramma!"*

Io modestamente penso che la dolorosa vicenda col fisco abbia contribuito non poco alla decisione definitiva di Bergman di ritirarsi sulla sua isola, sebbene qualche tempo prima avesse già detto di voler prendere le distanze dal mondo culturale svedese. *"E poi debbo dire che non mi va più d'impegnarmi come dovrei nella vita culturale svedese. Sarebbe giusto che sentissi la responsabilità della piccola parte che ho nella cultura del mio paese, ma non ne ho voglia. Voglio vivere lontano da tutte queste cose.*[6]*"*

Avvicinarsi a Faro dunque, è come avvicinarsi a Ingmar Bergman, ancora. Anzi... ancora di più.

E non solo in senso geografico. Perché, contemporaneamente, è come raggiungere un luogo dell'anima: la vera anima del Genio di Uppsala[7]. *"Io non sono un genio, sono un artigiano. Con il tempo sono diventato un artigiano maledettamente abile ed esperto, che sa di fare buoni articoli, generi di prima necessità. Roba di cui la gente normale ha bisogno nella vita di tutti i giorni per stare un po meglio e dimenticare la melma in cui vive. Per poter piangere un po' e ridere un po', e magari rabbrividire un tantino. Questo è tutto."*

Andare a Faro, vederla avvicinarsi a noi mentre noi ci avviciniamo ad essa, visitarla, conoscerla passo dopo passo, percorrerne, metro dopo metro, la sua superficie, significa, non solo imparare a conoscere e ad apprezzare una lontana ma suggestiva isola quasi deserta, dispersa nel Mar Baltico ma, anche impregnarsi di una parte

---

6 Intervista di Gian Luigi Rondi.
7 *Genius* lo chiamavano tutti i suoi collaboratori, ma lui, modesto, si schermiva.

cospicua dell'opera di Bergman e della sua presenza; e, cosa ancora più importante, impegnarsi in un esercizio che può aiutare a comprendere meglio la nostra ...bergmanitudine[8].

Il sentimento che deriva, a tutti quelli che lo hanno veramente amato quando era in vita, dalla mancanza fisica del regista dopo la morte. Ma aiuta, anche, e soprattutto, a comprendere le opere di Bergman, il suo carattere, la sua personalità, il suo temperamento, le sue abitudini di lavoro, la sua disciplina, la sua complessità, la sua tipicità, la sua arte, la sua quotidianità e - perché no - il suo estraniamento creativo dal resto del mondo.

Giacché Faro è l'isola impregnata della presenza di Bergman e della sua essenza poetica; l'isola dove, finalmente, Bergman poteva tornare ad essere solo se stesso; poteva tornare ad essere Bergman.

Per molti svedesi Faro è una semplice, piccola, trascurabile isola; per i bergmaniani no. Per i bergmaniani è un continente, è un intero mondo, è... il Mondo. Il Mondo di Bergman per gli ultimi quarant'anni della sua lunga vita, poco meno della metà della sua intera esistenza terrena. Allo stesso modo Ingmar Bergman, per alcuni cinefili è un regista, bravo, indiscutibilmente, ma pur sempre un regista. Ce ne sono molti altri di registi bravi. Per i bergmaniani è ...il Regista. Come per Woody Allen, ad esempio, che oltre ad ispirarsi al suo cinema e ad imitarlo, quasi, provando per il maestro svedese una vera e propria venerazione, palesata del resto in molti dei suoi film[9], lo definì, semplicemente: ..."*the best director ever*".

L'unico davvero, inarrivabile, inimitabile, completo, in una parola ...risolto. Un personaggio davvero grandioso in vita; addirittura leggendario dopo la morte. Per avere una misura della sua grandezza, è come se si pensasse che il personaggio Ingmar Bergman, possa comprendere contemporaneamente dentro di se l'arte, lo spessore, la fantasia, l'inventiva, la profondità, la professionalità, il genio creativo di tre grandi personaggi, rispettivamente del cinema: come Federico Fellini; della regia teatrale: come Giorgio Strehler; della

---

8 Si tratta, ovviamente, di un neologismo coniato dall'autore.
9 Bergman è citato direttamente da Woody Allen nel suo film *Io e Annie* del 1977: "*Bergman è l'unico genio del cinema attuale.*"

drammaturgia: come August Strindberg. Perché se è vero che il resto d'Europa e del mondo conoscono Ingmar Bergman quasi solo per i suoi oltre cinquanta film e per qualche autobiografia, è vero anche che Ingmar Bergman è stato autore, in circa settant'anni di carriera ininterrotta, di una quantità di drammi e commedie e libri e soprattutto, ha rappresentato nei maggiori teatri svedesi, di cui spesso è stato direttore artistico, ben 171 titoli di messe in scena tra il 1938 e il 2004, testi di autori classici, come: Goldoni, Moliere, Anouilh, Sheakespeare, Strindberg, Ibsen, Pirandello, Moliere, solo per citarne alcuni, ma anche di autori moderni e contemporanei: Tennesee Williams, Eduard Albee, Eugene O'Neil, Albert Camus, Peter Weiss. A tale proposito, Bergman, soleva dire: *"Se il cinema è la mia costosa amante, il teatro è la mia moglie fedele."* [10]

Ma, nel corso della sua lunghissima carriera professionale, Bergman è stato molto di più: autore e direttore di film per il grande e il piccolo schermo, regista di *pieces* teatrali, ideatore e realizzatore di documentari, produttore radiofonico e televisivo, sceneggiatore, drammaturgo, romanziere, critico teatrale e cinematografico.

Così, l'isola di Faro sarebbe rimasta per sempre solo l'isola delle pecore, una piccola trascurabile appendice della più grande isola di Gotland, quindi sconosciuta ai più, se Ingmar Bergman non l'avesse scoperta e non l'avesse fatta conoscere al resto del mondo. Forse lui pensava di poterla avere tutta per se. Forse nemmeno lui, che era un genio, aveva mai immaginato che, se l'avesse eletta a sua dimora, quando era all'apice della sua notorietà, avrebbe, inevitabilmente, attirato i riflettori della curiosità del mondo intero su quello scoglio impervio, boscoso e arido, desolato e ventoso, inospitale e invivibile, se non ci sei nato o se non ti chiami ... Ingmar Bergman. *"Sono più pigro adesso di una volta. Da quando ho la mia casa nella mia isola in mezzo al Baltico (Faro, n.d.A.). Me ne resto seduto all'aperto ad ammirare la costa, gli uccelli, il mare e me ne sto così per ore senza far niente, e mi sento molto bene così.*[11]*"*

Aveva scoperto Faro già agli inizi degli anni '60, ma solo un lustro

10 Ingmar Bergman, *Lanterna magica*.
11 Intervista di Gian Luigi Rondi.

dopo, alla metà degli anni '60, poco meno che cinquantenne, aveva scelto di vivere lì il resto della sua vita. E si trasferì da Stoccolma sull'isola appena la sua casa fu terminata. Dalla fine del 2003 non la abbandonò più fino alla morte, che lo raggiunse nel 2007. Mi pare molto importante ricordare, qui, quello che Marc Gervais... *chiarisce retrospettivamente, parlando dell'epoca (1971) in cui Bergman si installò nell'isola di Faro, (cioè) che... "molta della sua precedente angoscia metafisica aveva già cominciato a calmarsi. In quel momento Ingmar Bergman non aveva paura della morte: essa non voleva dire nulla, solo la fine della consapevolezza, nessuna vita dell'aldilà. E lo stesso valeva per la leggendaria problematica esistenza o non esistenza di Dio. Che aveva talmente ossessionato tutti i suoi capolavori: Bergman ora considerava che questa, per lui, era una tentazione nevrotica da evitare."*[12]

In ogni modo con la sua scelta deliberata aveva (inconsapevolmente?) regalato all'isola, oltre che una pubblicità planetaria gratuita, anche una fama imperitura, che peraltro né l'isola né i suoi abitanti gli avevano mai chiesto, né, tanto meno, in seguito, avrebbero mai pensato di sfruttare economicamente. Tranne che per i *blitz,* che potevano avvenire durante tutto l'anno, di qualche giornalista, impenitente bergmaniano, alla ricerca chimerica di un incontro o di una ancora più improbabile intervista[13]; e tranne che per la *BergmanVeckan* (la settimana di Bergman: i sette giorni dedicati annualmente al lavoro del grande regista e alle sue opere), Faro era rimasta l'isola dei 600 abitanti, che potevano lievitare a qualche migliaio, con le presenze dei turisti l'estate, ma non sarebbe e non è mai diventata una meta turistica di massa. Grazie anche al buon senso dei suoi amministratori che avevano sempre resistito alla tentazione di farne una meta turistica alla moda e avevano pensato bene di non concedere nuove licenze per alberghi e ristoranti e, meno che meno, per villaggi turistici. Per i quali pure ricevevano quasi quotidianamente nuove richieste. Da Faro Bergman era stato

---

12 Marc Gervais, *Sarabanda: la risposta a Fanny e Alexander.*
13 Come racconta, a pagina 24 del suo libro, *Bergman The Genius,* Aldo Garzia a proposito del tentativo di Sergio Maifredi e Lisa Galantini.

ricompensato, innanzitutto, con il ritrovamento definitivo delle sue nuove radici. *"Come sia accaduto non lo so, ma ora credo che la mia vita abbia nuovamente radici."* Radici come sembrava che non ne avesse mai avute, nemmeno a *Varums*[14], nella casa di famiglia dei suoi nonni in Dalecarlia; con la pace e la tranquillità nelle quali vivere e lavorare come solo un isola semi-deserta ma spaziosa (112 kmq) messa al centro del Mar Baltico può garantire; per un paesaggio selvaggio eppure ameno, desolato ma amico, nel quale abbandonarsi, per cercare ispirazione, alle sue famose lunghissime passeggiate mattutine; per la leggendaria luce fredda tutta nordica che tanta parte ha avuta nel successo dei suoi film.

Nella sua autobiografia Bergman parla così di quella straordinaria luce: *"A volte rimpiango di aver smesso di fare film. Soprattutto mi manca la collaborazione di Sven Nyqvist, forse perché siamo entrambi affascinati dalla problematica della luce. La luce dolce, pericolosa, sognante, viva, morta, chiara, nebbiosa, calda, violenta, nuda, improvvisa, cupa, primaverile, proveniente dall'esterno, proveniente dall'interno, verticale, obliqua, sensuale, smorzata, delimitante, velenosa, rasserenante, luminosa. La luce."* [15]

E anche lui era stato prima ringraziato, poi ricompensato, dagli abitanti dell'isola che, dal giorno dell'insediamento, avevano eretto intorno al regista e alla sua abitazione una specie di cordone sanitario, una cortina impenetrabile, un muro di gomma di discrezione, riservatezza ed omertà: finché Ingmar Bergman è rimasto in vita non rivelavano a nessuno, nemmeno l'esatta ubicazione delle sue case, anzi davano volutamente indicazioni sbagliate e fuorvianti.

Sebbene Bergman a Faro vivesse praticamente da solo per lunghi periodi, specie nel corso degli ultimi anni della sua lunga vita, era raggiunto spesso dai suoi numerosi famigliari e dagli amici più

---

14 *"La casa di campagna in Dalecarlia si chiamava Varoms, che nel dialetto di Orsa significa nostra. Sono arrivato lì durante il mio primo mese di vita e ci abito ancora nella memoria."* (Ingmar Bergman, *Lanterna magica*)

15 Ibidem.

fedeli. Uno di questi era Erland Josephson, anche uno dei suoi attori preferiti. Con lui e con Max von Sydow si sentiva spesso anche per telefono, parlavano volentieri di lavoro, di copioni e di ricordi. Bergman, quasi per esorcizzare il rischio di innamorarsi delle persone, ripeteva spesso quello che proprio Erland gli disse un giorno: *"Bisogna guardarsi dal conoscere le persone, perché poi va a finire che ti piacciono."*[16]

Sull'isola, un giorno, lo raggiunge anche il fratello maggiore Dag.[17]

"Nell'estate del 1984 mio fratello venne con la moglie greca a farmi visita a Faro. Aveva sessantanove anni ed era console generale in pensione. Con tenacia aveva mantenuto il suo incarico nonostante la grave paralisi che l'aveva colpito. Ormai poteva solo muovere la testa, respirava affannosamente e parlava in modo quasi incomprensibile. Passammo giornate intere a richiamare alla memoria la nostra infanzia[18]*."*

A testimonianza di come per i suoi pensieri non siano mai esistiti confini insormontabili, sull'isola lo raggiunse spesso anche il ricordo del padre[19], con cui aveva avuto in vita un rapporto conflittuale, mai sanato, se non parzialmente recuperato, negli ultimi anni della sua vita e solo dopo la morte della madre. *"Il 29 aprile 1970 papà è morto. E' stato domenica, alle 4 e 20 del pomeriggio; la sua morte non è stata dolorosa. (...) Quando uscimmo dal bosco di betulle e ci inoltrammo tra i vasti campi della pianura, vedemmo i lampi sui colli. Grosse gocce caddero sulla strada polverosa creando rivoli e disegni. Io dissi: così dovremmo andarcene in giro per il mondo, voi ed io, papà."*[20]

Qualche volta, quando stava fuori, lontano dall'isola, il richiamo di

---

16 Ingmar Bergman, *Lanterna magica.*
17 Ibidem.
18 *"L'infanzia è stata sempre la mia principale fornitrice. Senza sapere da dove arrivassero i rifornimenti."* (Ibidem)
19 *"Ho passato una vita intera ad odiarlo e, negli ultimi anni della sua vita, ci siamo riavvicinati, abbiamo fatto amicizia. Ho cercato di trovare dei punti di contatto, degli argomenti di cui parlare."* (da *Conversazione con Bergman*)
20 Ingmar Bergman, *Lanterna magica.*

13

Faro era talmente forte ed irresistibile che Bergman non poteva far altro che tornarvi, anche solo per qualche ora.

"Ingrid ed io avevamo pensato di stabilirci a a Parigi. (...) A Parigi faceva molto caldo. (...) Il caldo aumentò e noi fuggimmo a Copenaghen, dove noleggiammo un'automobile per visitare la campagna danese. (...) Una sera affittammo un aereo privato e volammo a Visby. Arrivammo a Faro piuttosto tardi, ma era ancora chiaro. Davanti alla vecchia casa di Damba cresce una grande siepe di lillà, che era in piena fioritura. Rimanemmo seduti (Ingmar Bergman è con Ingrid Karlebo von Rosen, n.d.A.) *sugli scalini fino al crepuscolo, avvolti dal profumo intenso. La mattina successiva ritornammo a Copenaghen."[21]*

Bergman ebbe cinque mogli, ma solo con l'ultima, Ingrid Karlebo Von Rosen (dopo solo Ingrid Bergman[22]), abitò assieme, a Faro.

"Ingrid ed io c'incontrammo per caso nel tardo autunno del 1957. Nacque un'amicizia che si tramutò in una relazione durata fino all'estate del 1969. Sia io che Ingrid eravamo sposati. Nella primavera del 1959 venne alla luce nostra figlia Maria."[23]

Nell'inverno del 1976 succedono cose strane che riguardano anche la sua questione fiscale.

Lo stesso Bergman ne scrive così nella sua autobiografia: *"A metà marzo ci trasferiamo a Faro. Lì sta iniziando la lotta tra inverno e primavera; un giorno i raggi del sole sono caldi, i venti dolci, gli specchi d'acqua brillano, gli agnelli appena nati saltano sulla terra da poco liberatasi dalla morsa del gelo e della neve; il giorno successivo soffia un vento di tempesta dalle tundre trascinando con se la neve, il mare infuria, finestre e strade vengono nuovamente innevate, l'elettricità sparisce. Fuoco nel camino, fornello a petrolio, radio a pile. Tutto ciò è tranquillizzante. Lavoro diligentemente alla mia ricerca cui do il titolo provvisorio* La camera chiusa. *Avanzo lentamente lungo percorsi ignoti che quasi sempre conducono allo smarrimento e al silenzio. Ho ancora pazienza, e inoltre lo scrivere*

---

21 Ibidem.
22 Da non confondere con la famosa attrice.
23 Ingmar Bergman, *Tre diari.*

14

rientra nella disciplina quotidiana. Per la notte prendo Mogafo *e* Valium *quando sento troppo forte la minaccia dell'annientamento. Ora sono in grado di farne uso. L'equilibrio conquistato è però ancora precario.* " [24]
Nella primavera del 1970 Ingrid si ammalò gravemente. Dovette ricoverarsi in ospedale. Bergman, un giorno, andò a trovarla. Lei propose al regista di sposarlo. Vissero sull'isola dall'anno in cui si sposarono, il 1971, fino alla morte di lei, avvenuta nel maggio del 1996.[25]
"Ingrid ed io ci sposammo l'11 settembre del 1971. Abbiamo vissuto insieme 24 bellissimi anni. La cosa più importante nel nostro reciproco sentimento (amore) era un flusso continuo, una silenziosa conversazione interiore. Durante tutti gli anni trascorsi insieme, questa conversazione non si è mai interrotta. Ingrid sapeva sempre dov'ero, e io sapevo sempre dov'era Ingrid." [26] In verità Ingrid era stata preceduta sull'isola da un'altra donna. Quando Bergman decise di stabilirsi a Faro e di costruire la sua casa sull'isola aveva una relazione già da qualche anno con una delle sue attrici feticcio, Liv Ullman.
Ma la relazione s'interruppe poco tempo dopo e forse anche per "colpa" di Faro e dello isolamento che "pretendeva" dalla donna. Credendo che Liv non si sarebbe mai opposta alla sua decisione di vivere sull'isola, infatti, il regista si dimenticò di chiederle cosa pensasse della costruzione della casa e se intendesse davvero trasferirsi a Faro per vivere con lui. Così Bergman: *"Durante le riprese di* Persona, *Liv ed io venimmo travolti dalla passione. Commettendo un errore colossale, costruii la casa, pensando a una vita comune sull'isola. Dimenticai di chiedere a Liv cosa ne pensasse. Lo venni a sapere più tardi, leggendo il suo libro* Cambiare. *Le sue testimonianze sono - credo - affettuosamente veritiere, a grandi linee. Rimase alcuni anni. Combattemmo i nostri*

---

24 Ingmar Bergman, *Lanterna magica*.
25 Nel '75 Ingrid scoprì un cancro allo stomaco, che la condusse alla morte nel '76.
26 Ingmar Bergman, *Tre diari*.

demoni come meglio potevamo." Fino a quando aveva resistito Liv Ullman era rimasta e s'era anche sforzata di comprendere l'isola e di amarla o comunque di farsela piacere. *"Capivo che Ingmar aveva trovato la sua isola e cercavo di amarla come lui."*
Ma l'idillio per Ingmar e la sua "sopportazione" dell'isola e dell'isolamento cui la costringeva non durarono troppo a lungo. Così Liv Ullman: *"Nell'isola sentivo freddo e vento anche d'estate. Ingmar mi ha detto addio con una lettera di 11 pagine.*[27]"

Per Bergman la sveglia nella sua casa di Faro suonava molto presto, alle sei del mattino.
Poco dopo *l'ora del lupo*[28] che celebrò in un suo famoso, enigmatico, angosciante, omonimo film.[29] Film nel quale cerca di rappresentare: "...*il senso di inquietudine e di abbandono che si prova sul finire della notte, quando le prime avvisaglie dell'alba creano un'atmosfera magica, incerta, spesso minacciosa. È in questa zona crepuscolare o ipnagogica che Bergman colloca il pittore Johan Borg (interpretato da Max von Sydow) e la povera moglie Alma (interpretata da Liv Ullman).*[30]
Subito dopo la colazione, che lui stesso si preparava da solo e consumava seduto al tavolo della sua cucina; e subito dopo la *toilette* personale del mattino, favorita dalla sua abitudinarietà, ma ostacolata e non poco dai suoi annosi problemi intestinali, usciva di casa, con qualsiasi tempo, per concedersi la sua immancabile passeggiata mattutina. *"Spesso faccio una passeggiata di trenta o quarantacinque minuti, dopo colazione. I demoni non appaiono all'aria aperta. A loro piace conquistarti quando stai a letto con i piedi caldi."*
Camminata che lui amava fare o dietro la sua abitazione, inoltrandosi nei boschi lungo le strade sterrate, o sulla spiaggia sassosa di Langhammars, tra i suoi amati *raukar,* immortalati anche in un suo

---

27 *La Stampa*, 20 agosto 1996.
28 Quella che va dalle due alle tre di notte e svanisce nell'alba.
29 *L'ora del lupo (Vargtimmen, 1966).*
30 Aldo Garzia, *Bergman The Genius.*

celeberrimo film.[31]

Il film che gli fece scoprire Faro e innamorarersene. *"...Il taxi alla fine ci portò ai faraglioni nella parte settentrionale dell'isola. Stavamo in piedi nel mezzo della tempesta e guardavamo, con gli occhi lucidi, queste figure misteriose, divine, che alzavano le loro fronti contro le onde e l'orizzonte che si oscurava [...]. Non sono sicuro di cosa accadde a questo punto. Se volessi essere solenne, potrei dire di aver finalmente trovato il paesaggio ideale; la mia vera casa. Se volessi essere divertente, potrei parlare di amore a prima vista..."[32]*

La scoperta avvenne, quasi casualmente, nel 1960, quando andava alla ricerca di *location* per *Come in uno specchio*.

Secondo la sua sceneggiatura, nella scena iniziale del film, quattro persone: due adulti, un giovane e una giovane donna, escono dall'acqua di un mare calmo ma freddo e dai colori limacciosi.[33] Lui, anche se non c'era mai stato, avrebbe preferito girarla alle Isole Orkney in Scozia, ma i produttori, soprattutto per contenere le spese, lo pregarono di fare un giro in elicottero su Faro. Forse - lo invogliarono - avrebbe trovato quello che cercava più vicino a casa. Bergman voleva un paesaggio lontano, desolato, freddo e inospitale, vicino al mare, e avendo sorvolato tutte le coste della Svezia in elicottero, si era convinto che non avrebbe mai trovato niente di simile sul territorio del suo paese. Fu così, infatti, fino a quando non raggiunse l'isola di Gotland e un isolotto più piccolo, al largo della sua estremità settentrionale, chiamato Faro.

Situate al centro del mar Baltico, a metà strada tra Svezia, Russia e le Repubbliche Baltiche, la natura di Gotland e Faro non è paragonabile a nessun altro luogo in Svezia. Sono coperte entrambe da fitte foreste di conifere e da più radi boschi di betulle, da giacimenti e cave di calcare e arenaria, contornate da spiagge sassose che si alternano, quasi miracolosamente, a baie di sabbia bianca e ai famosi faraglioni (i cd. *raukar*). Questi scenari lunari e suggestivi creano affascinanti

---

31 *Sasom i en spegel*, 1960.
32 Ingmar Bergman, *Lanterna magica*.
33 Martin, David, Fredrik detto Minus e Karin.

panorami durante il lungo inverno; le lagune sabbiose e le acque cristalline ne fanno, per gli svedesi, un paradiso turistico nella loro pur breve e fresca estate. Tra Bergman e l'isola era stato amore a prima vista. *"Dissi a Sven Nykvist che volevo vivere su quell'isola per il resto dei miei giorni, volevo costruire una casa proprio dove sarebbe sorta quella fasulla del film. Sven propose di cercarne una qualche chilometro più a sud. Lì si trova ora la mia casa. Fu costruita tra il 1966 e il 1967."[34]*

Le riprese del film si fecero sull'isola, che, da quel giorno, sarebbe diventata la sua isola. *"Dopo qualche mese ero irrimediabilmente coinvolto nei problemi degli isolani, il che diede come risultato* Documento di Faro, *1969."[35]*

Quando Bergman attraccò a Faro, provenendo da Gotland, l'isola più grande, dopo una traversata che dura generalmente, non più di sei minuti, se ne innamorò perdutamente: era in piedi sulla prua del traghetto, piegato contro la tempesta di vento e pioggia, che in certi momenti si trasformava in nevischio, dopo una burrascosa traversata durante la quale era caduto anche qualche fiocco di neve, quando capì che voleva vivere su quell'isola per il resto dei suoi giorni. *"... Prima di tutto vennero i segnali della mia intuizione: questo è il tuo paesaggio, Bergman. Corrisponde alle tue più intime idee sulle forme, le proporzioni, i colori, gli orizzonti, i suoni, i silenzi, le luci e i riflessi. Qui c'è la sicurezza..."[36]*

Dopo aver terminato le riprese, più tardi durante quell'estate, Bergman decise di costruirsi una casa e di trasferirsi a vivere a Faro per il resto della vita.

E così fu. *"In realtà non so quel che accadde. Se si vuole essere solenni si può dire che avevo trovato il paesaggio, la mia vera casa. Se si vuole essere allegri si può parlare di amore a prima vista."[37]*

Bergman fece costruire la casa vicino al luogo dove aveva girato

---

34 Ingmar Bergman, *Lanterna magica.*
35 Ibidem
36 Ibidem.
37 Ibidem.

Come in uno specchio[38].
Nella decade successiva realizzò ancora in quel luogo alcuni dei suoi film più leggendari. Traendo, certamente, l'ispirazione anche da quei paesaggi brulli e rocciosi. Vennero, mano a mano, prima *Persona* nel 1965, poi *L'ora del lupo* nel 1966, quindi *Passione* e *La Vergogna* nel 1968, infine *Scene da un Matrimonio* nel 1973. Scrive Bergman nel suo libro-diario *Immagini*: *"Il 12 aprile arrivammo a Faro. E' come arrivare a casa. Tutto il resto è sogno e irrealtà. (...) Il 23 Aprile annotai: oggi ho scritto le prime sei pagine di* Fanny e Alexander. *E' stato davvero divertente. Adesso devo scrivere del Teatro, dell'Appartamento e della Nonna."* Da allora, Bergman, pur non essendo l'iniziatore di una vera e propria corrente poetica, ha anche influenzato profondamente ed ispirato innumerevoli artisti che hanno visitato Faro. Come Andrey Tarkovsky (autore del *Sacrificio* nel 1986). O come Andrei Zvyagintsev (autore de *Il ritorno[39]*), che ha partecipato anche alla recente *BergmanVeckan* del 2011. E come ancora un buon numero di registi svedesi che girano film in quel luogo sacro, tutt'altro che ameno ma a loro assai familiare. Rientrato dalla sua passeggiata Bergman aveva la mente abbastanza fresca e le idee incredibilmente chiare per sottoporsi nel suo studio a due anche tre ore di studio, scrittura e lettura. Bergman aveva sempre letto, fin da bambino. *"Leggevo ininterrottamente, per lo più non capivo, ma ero particolarmente sensibile al tono: Dostoevskij, Tolstoj, Balzac, De Foe, Swift, Flaubert, Nietzsche, e ...Strindberg."[40]* Una volta, era appena adolescente[41], coi soldi ricevuti in regalo per Natale da una

---

38 *"Film che esplicitava fin da titolo il riferimento biblico: in questo caso la lettera di Paolo ai Corinzi (13,12). Poiché ora vediamo come in uno specchio, in modo oscuro; ma allora vedremo faccia a faccia: ora conosco in parte; ma allora conoscerò pienamente, come anche sono stato perfettamente conosciuto."* (Alberto Corsani, *Il libro che affiora*.)

39 Esordisce sul grande schermo con *Il ritorno,* storia di un rapporto travagliato e controverso tra un padre e i suoi due figli, film poetico, laconico, intenso, dai chiari echi tarkovskiani, premiato con il Leone d'oro per miglior film alla 60° Mostra del Cinema di Venezia.

40 Ingmar Bergman, *Lanterna magica.*

41 *"L'infanzia è sempre stata la mia principale fornitrice, senza che in*

sua vecchia e ricca zia, Ingmar comprò l'opera omnia di Strindberg. Senza nemmeno aprirli né sfogliarli sistemò i tomi nella sua libreria, in bella vista. Ogni tanto, per un po', si stendeva sul letto da dove poteva vederli e con le mani intrecciate dietro la nuca si beava, soddisfatto del suo prezioso acquisto. In seguito li lesse e rilesse più volte, con molta, ma molta attenzione. Quelle letture costituirono il solidissimo basamento sul quale eresse la carriera di drammaturgo, di regista teatrale e di direttore artistico dei maggiori teatri svedesi. Bergman nella sua casa di Hammars aveva tutto ciò di cui potesse aver bisogno: uno studio personale, una biblioteca con scaffali pieni di libri, impianti stereofonici e di produzione della musica che ascoltava in varie ore della sua giornata, una cineteca, un televisore e un impianto di videoregistrazione, infine il telefono che lo teneva allacciato al resto del mondo, ai suoi famigliari e ai suoi amici. Bergman nel suo studio, leggeva fino a quando non giungeva l'ora del suo parco pranzo che avveniva sempre nella sua cucina e preparato con le sue stesse mani. Lui stesso rivela nelle sue autobiografie che spesso consumava frettolosamente dei bastoncini di pesce, altrettanto frettolosamente saltati in padella. La cena invece era preparata da una donna di servizio che arrivava per pulire e per preparare la cena, puntuale ogni giorno alle 15, proprio nel momento in cui lui si trasferiva con la sua auto, la leggendaria *Jeep* Mercedes rossa, alla saletta cinematografica di Damba, per la proiezione quotidiana. Poi, al ritorno, qualche minuto di ozio per sentire la radio o leggere le notizie dal giornale o semplicemente per pensare. *"La mia vita era piacevole e finalmente libera da spossanti conflitti. Imparai a manovrare i miei demoni. Riuscii anche a realizzare uno dei sogni della mia infanzia. Alla casa restaurata di Damba, a Faro, apparteneva una stalla centenaria, semi-diroccata. La ricostruimmo e la utilizzammo come semplicissimo laboratorio per* Scene da un matrimonio. *Dopo aver concluso le riprese modificammo lo studio trasformandolo in cinematografo con annessa una comoda sala di*

---

precedenza mi sia mai preoccupato di sapere da dove arrivassero le consegne." (Ingmar Bergman, *Immagini*.)

montaggio nel fienile. (...) Quando il Flauto magico[42] *fu montato, invitammo alcuni collaboratori, alcuni abitanti di Faro e un gran numero di bambini alla prima assoluta. Era Agosto e c'era la luna piena, la nebbia copriva la palude di Damba. Le vecchie case e il mulino splendevano nella luce bassa e fredda. Il fantasma della casa, il Giudice Giusto, sospirava nelle siepi di lillà. Nell'intervallo accendemmo i bengala e con lo champagne e bibite alla mela brindammo al Drago, ai guanti lisi dell'Oratore, a Papagena che aveva avuta una figlia e alla felice conclusione del viaggio durato una vita, con il* Flauto magico *in valigia. Quando si è avanti con gli anni diminuisce il bisogno di distrazioni. Io mi sento pieno di gratitudine per giorni buoni, senza avvenimenti, e per notti non troppo insonni. Il mio cinema di Faro mi dà un piacere e terno. Grazie alla gentilezza della Cineteca del Filminstitutet, ho la possibilità di prendere a prestito vecchi film da un deposito inesauribile. La sedia è comoda, la stanza protetta, si fa buio e la prima tremante immagine compare sulla parte bianca. E' silenziosa. Il proiettore ronza piano nella sala di proiezione ben isolata. Le ombre si muovono, si girano verso di me, vogliono che io presti attenzione al loro destino. Sessant'anni sono passati ma l'eccitazione è sempre la stessa."* [43] E, dal momento che ho ricordato la proiezione in anteprima di *Il flauto magico* nel piccolo cinema di Damba, coi suoi soli 15 posti, mi pare giusto ricordare anche il solo ornamento nel cinema: un arazzo meraviglioso eseguito dall'artista Anita Grede, raffigurante i personaggi dell'opera e il regista Ingmar Bergman sullo sfondo del paesaggio di Fårö. Il film che Ingmar Bergman si faceva proiettare e guardava, dall'inizio alla fine, titoli di testa e di coda compresi, immerso nel silenzio più assoluto e in completa solitudine, cambiava di volta in volta, a seconda del gusto del momento e dello stato d'animo del regista. Non erano sempre e solo film impegnati, come si potrebbe credere, trattandosi del Maestro. Qualche volta, come confessato dallo stesso regista, gli piaceva svagarsi guardando

---

42 *Trollflojten*, 1975. Probabilmente la migliore riduzione cinematografica di un opera lirica mai realizzata.
43 Ingmar Bergman, *Lanterna magica*.

uno dei film della serie dell'Agente 007. Solo una volta l'anno ed esattamente il 14 luglio, il giorno del suo compleanno, il film era lo stesso dell'anno precedente: *Il Circo* di Charlie Chaplin. Era stato uno dei primi film visti in un vero cinema, dove veniva accompagnato dalla sua cara nonna materna e uno di quelli che lo divertiva di più: lo faceva sempre ridere come un bambino, da bambino e da anziano. *"La nonna aveva anche un'altra incantevole qualità. Le piaceva andare al cinema e se il film non era vietato ai bambini (...) non c'era bisogno di aspettare fino al sabato o al pomeriggio della domenica."[44]* E anche uno dei suoi undici film preferiti in assoluto. In occasione del *18° Goteborg Film Festival del 1994*, Ingmar Bergman, infatti, aveva fatto pubblicare la lista dei suoi undici film preferiti di sempre: una curiosità imperdibile per tutti quei cinefili che si siano mai chiesti quali fossero i "gusti" cinematografici del *"best director ever"*. Ingmar Bergman assisteva alla proiezione da solo, nella sua saletta privata di Damba, mentre la sua assistente azionava il proiettore. Qualche volta era raggiunto da uno o più membri della sua grande famiglia. In occasione della *BergmanVeckan* (la Settimana Bergman) 2010 gli organizzatori chiesero a Lena Bergman, Ingmar Bergman e Daniel di selezionare un film ciascuno tra quelli che avevano guardato in compagnia del padre, negli anni precedenti. Fu proiettato, tra gli altri, un grande classico del cinema svedese e mondiale: *Notte di peccato[45]*, un film del 1930, diretto da Viktor Sjostrom[46]. Il regista con cui Bergman aveva un pessimo rapporto ma che, modestamente, considerava suo maestro. *"Viktor Sjostrom era un narratore straordinario... Vedo chiaramente come Il carretto fantasma[47] abbia influenzato la mia professione, perfino nei più minuti particolari."* Dopo l'uscita del suo

---

44 Ingmar Bergman, *Lanterna magica*.
45 *A Lady to love*. Il titolo originale è in inglese perchè il film fu girato negli U.S.A, ad Hollywood.
46 Grande maestro del cinema svedese e indimenticabile Dottor Isak Borg, protagonista de *Il posto delle fragole*.
47 *Korkarlen*, 1921. Uno dei capolavori del grande regista svedese e uno dei capolavori del cinema muto.

capolavoro *Il posto delle fragole*[48], Bergman disse a proposito del suo interprete e maestro: *"Non avevo capito che Viktor Sjostrom si era preso il mio testo, l'aveva fatto suo e vi aveva immesso le sue esperiene...* Il posto delle fragole *non era più il mio film, era il film di Viktor Sjostrom!"*

---

48 *Smulltronstallet*, 1957.

2 – BERGMAN E IL SUO CINEMA:
LA VITA, LA MORTE, L'AMORE E DIO.

"Bergman è il regista che cerca di cogliere e rappresentare la realtà dell'uomo a cui manca il terreno sotto i piedi; che vuole fissare in immagini il disintegrarsi e lo sparire della verità, il passaggio dalla verità alla non-verità, il comportamento sia del ragazzo che vuole farsi notare sia dell'uomo adulto che brucia per il suo credo."[49]
Così, sinteticamente, nella sua autobiografia *Lanterna magica*, Ingmar Bergman descrive le caratteristiche salienti del suo cinema.
"Il montaggio avviene al momento della ripresa, il ritmo viene creato dalla sceneggiatura. (...) Il ritmo dei miei film viene concepito nella sceneggiatura, a tavolino, e viene generato dinanzi alla macchina da presa. Ogni forma di improvvisazione mi è estranea. (...) Il cinema è per me un'illusione progettata fin nei minimi dettagli, lo specchio di una realtà che quanto più vivo tanto più mi appare illusoria."
La definizione *esterna* più semplice, quindi comprensibile ai più ed insieme universale, di Bergman e della sua opera proviene non da un critico cinematografico, ma da una giornalista italiana che ha profondamente amato il suo cinema, Natalia Ginzburg: *"Bergman ha raccontato l'intera vita umana: la maternità, la vecchiaia, la follia, l'adulterio, la guerra: ma soprattutto ha raccontato la morte. Della morte, egli non si cura di raccontare gli addobbi esteriori, i dettagli grotteschi e macabri (...) ciò che a lui sta a cuore dire è l'idea della morte attonita e arida, e nella dimensione della morte la carità o la viltà dell'uomo."*
Ingmar Bergman è l'autore *ateo-cristiano*, come lui stesso si definiva, che conosce molto bene la Bibbia, meglio dei praticanti, ebrei o cristiani che siano.
Ed è anche un autore che ha passato grossa parte della sua carriera a dimostrare che l'uomo vale anche come singolo, anche senza avere alcun rapporto con Dio e con l'Assoluto; sia che lo cerchi trovandolo;

---

49 Da *Bergman e il suo mondo di fantasmi* di Renzo Pavese: postfazione di *Immagini*.

sia che lo cerchi non trovandolo; sia che non lo cerchi affatto.

Ed è, ancora, l'autore la cui opera è sempre stata votata al tema della morte, soprattutto se si pensa a tre dei suoi titoli più famosi: *Il settimo sigillo (Det sjunde inseglet*, 1956); *Il posto delle fragole (Smulltronstallet*, 1957); *La fontana della vergine (Jungfrukallan, 1959)*.

Ma anche ad almeno altri tre suoi film, come: *La Vergogna (Skammen*, 1967), *L'ora del lupo (Vargtimmen, 1966)* e *Sussurri e grida (Viskningar och rop, 1971)*.

"E chi, meglio di Bergman ha traslitterato nel nostro novecento, narrandola per immagini, la filosofia di Soren Kirkegaard[50], *non ripetendola in maniera scolastica o didascalica, ma facendola crescere e lievitare in un orizzonte e in contesto diversi, se non estranei a quelli del danese?"* [51]

Con molta probabilità quello che pensa Bergman della vita[52], della morte e di Dio è quello che la maggior parte degli uomini pensa.

Senza peraltro pretendere che Dio, una volta ammesso che esista, si metta al servizio dell'uomo, oppure che si manifesti ad ogni umana richiesta. Il pastore Thomas, protagonista del film *Luci d'inverno: "Se veramente Dio non esistesse, nulla avrebbe più importanza. La vita avrebbe una spiegazione, sarebbe un sollievo; la morte solo una frattura, la fine del corpo e dell'anima; la crudeltà della gente, la sua solitudine, i suoi timori, tutto sarebbe chiaro come la luce del giorno: le sofferenze non dovrebbero più essere spiegate".*

Solo che Bergman ha messo questi temi al centro della sua speculazione filosofica e al centro delle sue opere. Filtrandole attraverso la sua solida cultura protestante e la profonda conoscenza biblica e attraverso il rigido senso di responsabilità ricevuto in

---

50 Filosofo danese iniziatore dell'esistenzialismo scandinavo.

51 Giovanni Invitto, *Fenomenologie e lessici del dubbio. Tra filosofia, cinema e altri saperi.*

52 *"Sei nato senza scopo, vivi senza significato, la vita è significato a se stessa. Quando muori ti spegni. Dall'essere ti muterai in non essere. Non è necessario che un dio dimori tra i nostri atomi sempre più capricciosi."* (Ingmar Bergman, *Lanterna magica*)

eredità dal padre.[53] Un esempio lampante lo fornisce egli stesso nel suo libro-diario *Immagini*. Un giorno, in compagnia del padre settantacinquenne e claudicante, si trovò a visitare per tutta la Svezia, una grande quantità di chiese di campagna, isolate e deserte. Finché non si trovò in una di esse posta a nord di Uppsala. In quella il padre si vestì degli abiti rituali e tutti i paramenti sacri, ed uscì dalla sagrestia per officiare la messa, in assenza del prete titolare, che non voleva officiare perchè messo fuori uso da una indisposizione. *"Da parte mia ottenni il finale di Luci d'inverno e la codificazione di una regola che ho sempre seguito e dovrei seguire in ogni istante. Nonostante tutto, devi mantenere la tua messa"*.

Così, in una delle scene iniziali de *Il settimo sigillo* fa cantare Jons, il cinico scudiero filosofo di Antonius Block: *"In alto siede l'onnipotente/così lontano che è sempre assente/mentre il diavolo, suo fratello/lo trovi anche al cancello."*[54]

Intorno alla metà degli anni '60 Bergman subì un'operazione, per la quale fu necessaria un'anestesia abbastanza pesante. Ovviamente non ricordò niente di quel breve periodo durato circa 6 ore. Di quei frangenti, però, Bergman scrive nella sua biografia una frase breve ma che sembra il manifesto del suo nichilismo e del suo ateismo: *"... sei nato senza scopo, vivi senza fignificato, la vita è significato a se stessa. Quando muori ti spegni. Dall'essere ti muterai in non-essere. Non è necessario che un dio dimori tra i nostri atomi sempre più capricciosi."*

Rispetto a questa affermazione apodittica, Bergman non disdegnò, nel corso degli anni, di cambiare anche idea. Questo spiega perché

---

53 *"La nostra educazione si basava per la maggior parte sui concetti di peccato, confessione, punizione, perdono e grazia, fattori concreti nelle relazioni dei bambini con i genitori e con Dio."* (Ingmar Bergman, *Lanterna magica*.)

54 Perchè: *"Dio ...non si da dove lo si attende: quando Elia aspetta di vederlo manifestare nella tempesta, Dio gli si presenta come un esile brezza, Un suono dolce e sommesso. Appena percepibile, eppure percepibile: ma bisogna volerlo."* (I Re, 19, 9-12)

in alcuni film pare quasi affermare la certezza dell'esistenza di Dio[55], mentre in altri pare negarla nella maniera più assoluta[56]. In altri ancora surroga l'esistenza di Dio con l'amore tra simili, di sesso diverso o anche dello stesso sesso. *"...L'amore è la cosa migliore della vita. L'amore come significato segreto del vivere.*[57]*"* Dio guida le cose e le persone e i fatti della loro vita, ma in più di qualche caso non è benevolo. Ad alcuni da; ad altri toglie. Sembra che avvenga proprio così. Amore, emozioni e morte si rincorrono e si alternano nella vita di tutti, ma per alcuni vengono solo interrogativi inevasi; per altri possono arrivare anche risposte consolatorie. Probabilmente la linea di discrimine tra le due situazioni oggettive sta in una situazione soggettiva. Sta nella fede in Dio. Chi crede trova le risposte che cerca nella fede; chi non crede può solo cedere alla disperazione.[58] *"Dio non si da mai e poi mai in una realtà estranea: lì dove trova la sua volontà, egli si da."* Concetto meravigliosamente sintetizzato ai tempi del suo film *La fontana della vergine* che gli valse il primo premio Oscar della sua carriera. *"Già da tempo l'idea di Dio aveva cominciato a incrinarsi in me, rimanendo per lo più come decorazione. (...) Le mie idee in materia religiosa tendevano per buona parte a sinistra."*[59]

Ma fino a che punto la vita degli uomini sta nelle loro mani (*"Homo faber fortunae suae"*) e non invece nelle mani del misterioso, invisibile, dogmatico disegno di Dio? Fino a che punto l'uomo, con le sue debolezze, i suoi dubbi, le sue paure, le sue scissioni più interiori, intime e profonde, può credere nell'esistenza di un Dio come lo descrive e come lo vorrebbe la chiesa: buono, giusto,

---

55 *"Dio è l'amore e l'amore è Dio. Chi è circondato dall'amore è anche circondato da Dio."* (Ingmar Bergman, *Immagini.*)
56 *"L'uomo è portatore della sua santità, che però ha luogo su questa terra, senza alcun bisogno di spiegazioni extraterrestri."* (Ingmar Bergman, *Immagini*)
57 Ingmar Bergman, *Lanterna magica.*
58 Meister Eckhart, *Tracce di cammino.*
59 Ingmar Bergman, *Immagini.*

comprensivo e misericordioso?[60] Bergman ha tentato di dare delle risposte, ponendo delle domande a se stesso e ponendo le stesse domande[61] allo spettatore. Ma quello di Bergman non è un cinema di risposte, anzi è un cinema che pone continuamente domande; il cinema di Bergman non è un cinema di certezze, anzi è un cinema che infonde incertezze, che getta il pubblico nella prostrazione, che lo destabilizza.

Perchè quello di Bergman è un cinema di dubbio, *ergo* di intelligenza. *"Perchè* - per dirla con Wittgenstein - (se è vero che il dubbio è intelligenza, *n.d.A.) il dubbio può sussistere solo dove sussiste una domanda."*

Bergman non offre allo spettatore spiegazioni sulla difficoltà del vivere, né tantomeno giudizi o rassicurazioni. Alcune volte è addirittura crudo, come in *Persona*[62]. Nel cinema di Bergman rigoroso ed essenziale, emerge il disagio dell'uomo contemporaneo; la sua inadeguatezza a comprendere e a gestire la sua vita. L'unico obiettivo del suo cinema, la sua unica intenzione é quella di farci riflettere. La sua ambizione non fu mai quella di squarciare definitivamente la coltre di nebbia che copre la verità assoluta che nessun essere vivente possiede. *"(Bergman, n.d.A.) Come uno speleologo si è calato nei meandri dell'animo umano, negli angoli oscuri della psiche ed ha posto davanti all'obiettivo della sua speculazione tutti i più grandi quesiti filosofici dell'uomo storico. Ha usato il suo cinema per porsi una notevole quantità di domande; e per cercare, al contempo, delle risposte plausibili a queste domande. Alcune di esse sono venute, altre sono mancate, più o meno clamorosamente. Tuttavia si può dire che l'obiettivo di Bergman, per sua stessa ammissione, non era certo quello di dipanare il mistero*

---

60 *"In* Come in uno specchio *l'eredità infantile fu liquidata. Là si sostiene che ogni idea di Dio creata dagli uomini non può essere che una mostruosità."* (Ingmar Bergman, *Immagini*)

61 *"A volte credo che le domande siano più importanti delle risposte."* (*Il posto delle fragole,* sceneggiatura)

62 Tullio Kezich: *"Persona è svolto come un teorema che a un certo punto si trasforma nell'operazione senza anestesia che il chirurgo svolge in presenza del pubblico."*

insondabile della vita e della morte, bensì quello molto meno ambizioso e molto più umano di tentare, attraverso la sua arte, d'intavolare un inizio di discussione; di tentare un approfondimento; di fornire degli abbozzi di spiegazione; di avviare su una via di conoscenza che potesse permettere di avvistare almeno una flebile luce in fondo al tunnel; di istradare su un sentiero di esperienza, possibilmente meno impervio e scosceso di quanto non potesse apparire senza i suoi preziosi insegnamenti."[63]
Così Bergman condensa ed esaurisce la questione dell'esistenza di Dio, riportandola su di un piano assolutamente e materialmente umano, quando, al di là di ogni parafrasi, definisce se stesso: un ...ateo cristiano.[64]

---

63 Salvatore M.Ruggiero, *Il Genio di Uppsala, il grande cinema di Ernst Ingmar Bergman spiegato a chi lo ignora.*
64 *"Sono un ateo cristiano, che non è un ossimoro, ma un paradosso. In realtà io non credo in Dio, ma la faccenda non è così semplice. Tutti portiamo un Dio dentro noi stessi: purtroppo ce ne accorgiamo solo al momento della morte."*

3 - FARO, LA CINECITTA' DI BERGMAN.

Bergman, oltre che risiedere definitivamente a Faro, sceglie anche di farne una sua personale Cinecittà. Girerà diversi film sull'isola. Esattamente 6, più una serie televisiva, *Scene da un matrimonio*[65], nato come serie a episodi per la televisione e trasformato poi in un film di quasi tre ore, premiato dall'associazione dei critici americani come miglior film del 1973.[66]

A proposito di scene da un matrimonio, ricorda Ingmar Bergman nel suo libro-diario *Immagini*:

"A quel tempo c'era ancora il piccolo studio a Damba, dove avevamo girato Scene da un matrimonio. *Era proprio bello e pratico. Abitammo e lavorammo a Faro. E minimizzare, semplificare è sempre stato per me uno stimolo. Così mi immaginai che avremmo dovuto realizzare tutto il film dentro lo spazio estremamente limitato*

---

65 *Scene ur ett aktenskap*, 1972.

66 *"Alla casa restaurata di Damba, a Faro, apparteneva una stalla centenaria, semidiroccata. La ricostruimmo e la utilizzammo come semplicissimo laboratorio per* Scene da un matrimonio.

(Ingmar Bergman, *Lanterna magica*)

dello studio."

Di *Sussurri e grida*, dice, invece: *"Scrissi* Sussurri e grida *dalla fine di marzo all'inizio di giugno, durante un periodo di solitudine pressoché ermetica, a Faro. Proprio allora ebbe luogo il dramma con Ingrid von Rosen, che poneva fine al matrimonio durato 18 anni. A settembre cominciammo le riprese. A novembre erano finite. Ingrid e io ci sposammo."*

I primi quattro film, di questa serie complessiva di sei, vengono solitamente raggruppati (arbitrariamente) dai critici e perciò prendono (convenzionalmente) il nome di *Tetralogia di Faro*. Il primo di questa serie sarà, appunto, *Persona*[67], che siglerà il distacco definitivo di Bergman dal Teatro Reale e il suo ritiro nell'isola, dove abiterà fino alla sua morte.[68]

"Sicuramente Persona, *1966, è uno dei punti più alti nella introspezione dell'animo femminile. Narra del rapporto crudele e violento tra un'attrice malata e la sua infermiera.*[69]*"*

Ingmar Bergman dirà a Jörn Donner in una sua famosa intervista relativa all'uscita del film *Come in uno specchio:* "*Capitai in questo paesaggio di Fårö, con la sua assenza di colori, la sua durezza e le sue proporzioni straordinariamente ricercate e precise, dove si ha l'impressione di entrare in un mondo che è esterno, e del quale non siamo che una minuscola particella, come gli animali e le piante. Come sia accaduto non lo so, ma qui ho messo le radici e ora credo che la mia vita abbia nuovamente delle radici".*

Dopo *Persona*, Bergman accettò di collaborare a un film in otto episodi dal titolo *Stimulantia*[70], realizzato da un gruppo di registi giovani, come Richard Donner, e meno giovani, come il suo vecchio amico Gustaf Molander, che si proponeva di individuare le cose più

---

67 *Persona*, 1965.
68 Nel trasferimento delle due donne su un'isola deserta c'è un che di autobiografico.
69 Giovanni Invitto, *Idee e schermi bianchi. Filosofia e cinema tra il mito e il falso.*
70 L'argomento della sua opera fu "il bambino": intitolò il suo episodio *Daniel* dedicandolo al figlio avuto dalla pianista Käbi Laretei.

stimolanti della vita.

Il suo episodio s'intitolava: *Daniel*, con lo stesso titolo originale. Titolo alternativo *Daniel Sebastian*. Il contributo di Bergman a questa opera cinematografica è stato il montaggio di filmati in formato 16 mm. che aveva girato parecchi anni prima al giovane figlio Daniel Sebastian, diventato poi anche lui regista. Il film fu girato nella casa di Bergman e nei dintorni di Djursholm, nel comune di Danderved, tra il 1963 e il 1965. *"Ho voluto fare a Daniel un regalo/testimonianza al suo secondo compleanno, qualcosa che poteva avere quando sarebbe cresciuto... Quando ho fatto il film pensavo andasse bene. Ma la reazione suscitata è stata completamente negativa. Quindi vi doveva essere qualcosa di sbagliato da qualche parte"*.

Nel 1966 Bergman riprese in mano il manoscritto che aveva abbozzato nell'estate precedente: *I mangiatori d'uomini* o *Gli antropofagi*, e da esso, dopo averlo rimaneggiato, nacque *L'ora del lupo*[71]. *"Il film è dichiaratamente autobiografico. Il regista aveva sofferto più volte di forti depressioni ed era stato ricoverato in clinica. Qualcuno ha visto, inoltre, nel ruolo del pittore una citazione biografica del regista, perchè Johan è un artista divenuto famoso grazie ai suoi studi sul volto e sui ritratti. (...) Si tratterebbe di qualcosa di riconducibile all'ancestrale paura del buio, come afferma la protagonista* (Alma, n.d.A.) *all'inizio del film. (…) Alma, nome della donna (nome insolito e nobile, dice un ospite del castello) può avere un duplice etimo: può derivare dal latino* anima; *oppure dall'aggettivo* alma: *che alimenta, che nutre."*[72]

Mentre il protagonista, Johan dice: *"L'ora del lupo è l'ora in cui gli uomini muoiono, i bambini nascono, gli incubi ci assalgono.*[73]*"* Del suo film Bergman ha detto: *"Se avessi fallito con Persona, non avrei mai osato fare L'ora del lupo. L'ora del lupo non è certo un passo indietro. Ho osato fare alcuni passi, ma non ho percorso tutta la*

---

71 *Vargtimmen*, 1966.
72 Giovanni Invitto, *Tempi del cinema, tempi nel cinema. Tra filosofia e psicoanalisi.*
73 *Ibidem.*

strada (...) è un passo barcollante nella direzione giusta."[74] Curiosa citazione di se stesso - qualche anno dopo Bergman si cimenterà con la regia cinematografica di un'opera mozartiana: *Il flauto magico*[75] - nel film *L'ora del lupo*, durante una cena al castello, propone curiosamente uno spettacolo di marionette che altro non sono che attori rimpiccioliti con un abile trucco tecnico. *"Ne L'ora del lupo ognuno legge il male negli occhi degli altri come in uno specchio, ribaltando totalmente il messaggio paolino: adesso noi vediamo come in uno specchio, in maniera confusa; allora vedremo faccia a faccia. Nei frantumi dello specchio di Johan non compare alcun volto che non sia quello di divoratori di uomini e di anime.*[76]*"* Sempre interamente sull'isola, nel 1967, realizzò il film sulla guerra, *La Vergogna*[77]: la guerra vista da Ingmar Bergman. *"La prima de* La vergogna *ebbe luogo il 29 settembre 1968. Il giorno dopo stesi nella mia agenda di lavoro il seguente appunto: Me ne sto a Faro e aspetto...".*[78]

Film piuttosto contrastato, che ebbe numerose contestazioni e fu accompagnato da furiose polemiche, perché anche secondo alcuni critici assumeva, a proposito della guerra in Viet-Nam, una posizione qualunquista. *"Il tema della guerra, che era già stato solo accennato dal regista, in altri film precedenti, quì diventa centrale: rappresentato come la violenza contagiosa della Storia, demone senza volto né nome, che scatena la perfidia e la violenza latenti in ogni uomo. A guardare bene, infatti, la polemica anti-bellica era già presente in molte sue opere precedenti: - egli, ne* Il settimo sigillo, *fa sbeffeggiare la guerra (nel caso specifico le Crociate) da Jons il sagace e facondo scudiero; ed anche il Cavaliere Antonius Block mostra di non esserne tanto entusiasta; - in* Persona *(benché solamente nel Prologo) mostra le immagini dei bonzi che si danno*

---

74 Ingmar Bergman, *Immagini.*
75 *Trollflojten*, 1975.
76 Giovanni Invitto, *Tempi del cinema, tempi nel cinema. Tra filosofia e psicoanalisi.*
77 *Skammen*, 1967.
78 Ingmar Bergman, *Immagini.*

fuoco per protesta contro l'invasione militare del loro paese; - in
Luci d'inverno *la sua idea anti-bellica era presente come catastrofe*
annunciata nell'ossessione del contadino, prima impazzito, infine
suicida, per il rischio, giudicato incombente, della bomba atomica
cinese; - ne Il silenzio *mostrava, quasi come monito di un mondo*
inquieto e nervoso, carovane di carri armati che percorrono la
misteriosa e incomprensibile città di Timoka."[79]

In realtà l'imprevedibile e spiazzante Bergman aveva colto ancora
una volta tutti di sorpresa e il suo intento, pur abbastanza evidente,
non era stato compreso appieno, nemmeno da alcuni critici tra i più
avveduti, perché il film non era altro che la sua personale
testimonianza dell'impegno antibellico. Si può dire, quindi, che sotto
la sua, solo apparente, semplicità dev'esserci, evidentemente, una
complessità non del tutto facile da cogliere. *"Quando rivedo* La
vergogna, *trovo che è spezzato in due parti. La prima metà, dedicata*
alla guerra, è brutta. L'altra, sugli effetti della guerra, è bella. La
prima metà è assai peggiore di quanto immaginassi, ma l'altra è
migliore rispetto a come la ricordavo. E, in effetti ... la parte
migliore del film inizia quando la guerra finisce ed iniziano i
dolori.[80]*"*

Nel 1968 Bergman realizzò il film *Passione*[81], ultimo film diretto per
la Svensk Filmindustri prima di mettersi in proprio, proiettato per la
prima volta nell'ottobre del 1969. *"Per le riprese di* Passione
occorsero 45 giorni. Fu un lavoro pesante... Il sogno di Passione
comincia dove finisce la realtà di Vergogna. *(...)* Passione *fu girato*
a Faro nell'autunno del 1968 e contiene tracce delle arie che a quel
tempo spiravano nel mondo reale come in quello del cinema. Per
certi aspetti è dunque fortemente e gravemente datato. Per altri,
invece, è pieno di forza e ostinazione. Io lo guardo con sentimenti
misti. (...) Questo era dunque il 1968. Il bacillo speciale di

79 Salvatore M.Ruggiero, *Il Genio di Uppsala.*
80 Ingmar Bergman, *Immagini.*
81 *En passion*, 1968.

*quell'anno raggiunse anche la troupe cinematografica che girava a
Faro. (...) Già nel febbraio del 1967 si legge come io stessi
elaborando un'idea su Faro come* Il Regno dei Morti. *Qualcuno
giunge, errante, sull'isola e avverte la nostalgia di qualcosa di
lontano. Ci sono molte stazioni lungo il cammino. Luminose,
spaventose, particolarmente eccitanti.*"[82]

Ma, anche secondo l'opinione dello stesso Bergman, il film che
meglio rappresenta l'immaginario che scaturisce dalla sua particolare
relazione con Faro è *Persona.*[83] Resta emblematica, del certosino
lavoro di preparazione di ogni singola immagine, una meravigliosa
fotografia, peraltro molto famosa, scattata durante le riprese del film
e pubblicata nel libro-diario *Immagini*, che ritrae Sven Nyqvist e
Ingmar Bergman in piedi, l'uno di fronte all'altro, in bilico sulla
scogliera, col mare grigio sullo sfondo, compresi in una delle loro
leggendarie discussioni. "*Persona mi ha salvato la vita. Non è
un'esagerazione. Per la prima volta non mi preoccupai se il risultato
avrebbe avuto un significato generale o no. Oggi sento che con*
Persona – *e più tardi con* Sussurri e grida – *sono giunto al massimo
a cui posso arrivare, e che in tutta libertà tocco segreti senza parole,
che solo la cinematografia può mettere in risalto*". Fin dalla sua
uscita il film fu recepito come altamente sperimentale nelle tecniche
cinematografiche che Bergman utilizzò per trasmettere il senso di
incomunicabilità tipico della sua poetica. Sperimentale anche e
soprattutto nello studio della luce e della fotografia, diretta
magistralmente da Sven Nyquist. Sperimentale anche per la tecnica
di montaggio, nuovo e, per certi versi, rivoluzionario, a cura di Ulla
Righe. Effettivamente è riscontrabile nell'analisi della cinematografia
di Bergman quanto *Persona*[84] rappresenti un'altra nuova soluzione al

---

82 Ingmar Bergman, *Immagini*.

83 *Persona*, 1965.

84 "*Credo che Persona sia profondamente legato alla mia attività di
    Direttore del Dramaten. L'esperienza era una fiamma ossidrica che
    determinava una specie di rapida maturazione. Essa concretizzava, in
    modo brutale e ovvio, il mio rapporto con la professione.*"
    (Ingmar Bergman, *Immagini*).

problema della rappresentazione dei drammi interiori umani e sociali, nel caso specifico una soluzione asettica, fredda, talvolta allucinata e comunque inedita all'interno del panorama artistico del cineasta svedese.

Nel film, complesso e innovativo, quasi sperimentale dal punto di vista di alcune riprese e di alcune soluzioni tecniche, è rimasta famosa, fra molte altre scene memorabili, la sovrapposizione dei volti delle due protagoniste. *"Io e Sven Nyquist decidemmo di lasciare la metà del volto nel buio completo... insomma, non avrebbe dovuto esserci neppure una sfumatura di luce. Questo era inoltre un passo naturale a combinare, proprio nella fase del monologo, i mezzi volti illuminati in modo che si fondessero in un volto unico. La maggior parte delle persone ha, chi più e chi meno un lato migliore del volto. Le immagini dei volti di Liv* (Elisabeth Vogler, n.d.A.) *e di Bibi* (Alma, n.d.A.) *illuminati per metà, che poi noi unimmo insieme, dimostrarono il lato peggiore di ciascuna di loro. Quando ebbi indietro la doppia copia del film dal laboratorio, pregai Liv e Bibi di venire nella stanza di montaggio: Bibi grida sorpresa: E Liv risponde:* Ma sei tu, Bibi, che sembri veramente strana! *Rifiutavano spontaneamente il loro mezzo volto meno bello".*[85] Liv Ullman e Bibi Andersson si confrontano senza esclusione di colpi in un paesaggio dove è eliminato tutto ciò che è superfluo o inutile. *"Tu puoi essere una persona e un'altra persona, precisamente e allo stesso tempo?"*[86] Chiede l'infermiera Alma all'attrice Elisabeth che, mentre sta recitando sul palcoscenico, ha deciso di non parlare più, per rifiutare le troppe maschere[87] che indossa nella vita reale, oltre che a teatro.

Bergman è indubbiamente, fra i grandissimi, l'autore che ha insistito di più sul legame fondamentale che unisce nel cinema il volto e il

---

85 Ibidem.
86 Dalla sceneggiatura del film *Persona*, 1966.
87 *"Personam tragicam forte vulpes viderat"* ("La volpe vide per caso una maschera.")

primo piano.[88] *Persona* ne è la testimonianza più tangibile, ma in seguito vedremo come il tema del volto sia ricorrente nel cinema di Bergman. Elisabeth è più persone anche nella vita di tutti i giorni oltre che in quella artistica?

Il critico Tullio Kezich, ha sottolineato, a suo tempo, che: "*Persona, è svolto come un teorema che a un certo punto si trasforma nell'operazione senza anestesia che il chirurgo svolge in presenza del pubblico*".

Liliana Cavani disse, all'epoca della prima uscita del film: "*Ho visto poche opere cinematografiche così nette. Il film è il risultato di un paziente lavoro di approfondimento e di rifinitura. (Persona, n.d.A.) E' uno di quei film che indicano ai registi vie nuove per tentare nuove possibilità di espressione*".

E' rimasta nelle antologie del cinema la favolosa, prodigiosa, interminabile, carrellata laterale, lunga qualche centinaio di metri, sulla spiaggia rocciosa di Faro nella quale le due protagoniste si rincorrono.

Nel 1972, sempre a Faro, Bergman gira *Sussurri e grida*[89]. "*....In un lungo attacco di malinconia scrissi un film dal titolo* Sussurri e grida. *Per la seconda volta durante la mia vita, i giornalisti avevano cominciato a sostenere che la mia carriera era conclusa. Stranamente tutta questa indifferenza, taciuta o espressa, non aveva su di me alcun effetto. Girammo il film in un'atmosfera di fiducia e di allegria.*"[90]

Lo stesso regista disse a proposito di *Sussurri e grida*: ...*"Tutti i miei film possono essere pensati in bianco e nero, eccetto* Sussurri e grida ...*fin dalla fanciullezza ho immaginato la parte interna dell'anima come una patina umida in sfumature colore rosso*". [91]

E' vero, come è vero, che, pur essendo *Sussurri* e *grida*, un film difficile (leggi: complesso) per le molteplici e profonde implicazioni culturali e psicoanalitiche, lo spettatore per riuscire a penetrarne la

---

88 Gilles Deleuze, *Cinema, L'image-mouvement*.
89 *Viskningar och rop*, 1972.
90 Ingmar Bergman, *Lanterna magica*.
91 Ingmar Bergman, *Sei film*.

più intima essenza non deve dare che ascolto ai semplici suggerimenti che, durante la visione, gli deriveranno solo dai sussulti della sua anima. Giovanni Grazzini, nel suo libro *Gli anni settanta in cento film*, scrive: *"Suona l'ora di Bergman* (a Cannes, n.d.A.) *e sul più alto pennone del Festival si alza il vessillo del brivido."* E ancora: *"Per sentire* Sussurri e grida *basta fornirsi di occhi limpidi e trepido cuore"*.

Infine, al ritorno dall'esilio volontario in Germania[92], avvenuto nel 1982, Bergman si ritirerà sull'isola di Faro e realizzerà quello che doveva essere, nelle sue intenzioni, il suo ultimo film e pertanto un suo congedo dal cinema.[93]

"C'è un'illustrazione, in un'edizione dei racconti di E.T.A. Hoffman, che mi si è spesso ripresentata alla memoria. L'immagine è presa dallo Schiaccianoci. *Ci sono due bambini rannicchiati nella penombra, la vigilia di Natale, e aspettano che venga acceso l'albero e che siano aperte le porte della sala. Di qui presi lo spunto per la festa natalizia con cui comincia* Fanny e Alexander.*"*[94]

Fanny e Alexander[95] è la saga di una antica ed aristocratica famiglia di Uppsala, dai tratti fortemente autobiografici, ambientato nella sua città natale, all'inizio del '900. I personaggi sono una sessantina. Al centro della storia, un pastore protestante elegantissimo e perfido, proprio come il padre del regista. Il film, che fu montato a Faro, doveva durare sei ore, ma la durata fu bocciata in sede di censura, così la versione per la televisione durerà cinque ore, quella per il cinema tre ore. *"Nell'agosto del 1981 la mia tecnica del montaggio, Silvya Ingemarsson, venne a Faro. L'intenzione era di riuscire, in pochi giorni, a mettere a punto la versione cinematografica secondo*

---

92 *"Il mio esilio volontario ebbe inizio nella primavera del 1976 a Parigi. Per un caso, dopo alcune peregrinazioni, arrivai a Monaco."* (Ingmar Bergman, *lanterna magica.*)

93 Dopo *Fanny e Alexander* realizzò ancora tre film: *Vanità e affanni* (1997); *Bildmakarna (2003); Sarabanda (2003)*.

94 Ingmar Bergman, *Immagini*.

95 *"Proust diceva: la realtà non si forma che nella memoria. Il film è un'opera proustiana tra le più perfette."* (A.Costa, *Ingmar Bergman*)

la struttura che avevo progettato. Avevo le idee abbastanza chiare su ciò che avremmo dovuto tagliare. Il mio scopo era di arrivare a un film di circa un'ora e mezza. Il progetto fu eseguito rapidamente. Ma dopo che ebbi finito, scoprii che il film durava quasi quattro ore."

Nacque, comunque, un capolavoro. Come scrive Giovanni Grazzini[96]: *"...un riassunto di quarant'anni di cinema. Dove si trova tutta la pedagogia narrativa di Bergman: ... c'è solo il presente e l'infanzia ricordata, rivissuta, è una sorta di prova generale, un mondo perduto di luci, profumi, suoni, da conservare per sempre."*[97]

Così scrive, e con quale soddisfazione, lo stesso Ingmar Bergman nel suo libro-diario, *Immagini.* *"Me ne ero uscito con una bacchetta da rabdomante ed ero arrivato a una vena d'acqua. Quando trivellai, l'acqua cominciò a spruzzare come in un geyser."*

---

96 Giovanni Grazzini, *Gli anni 70 in 100 film.*
97 Antonio Costa, *Ingmar Bergman.*

4 – FARODOKUMENT (1 e 2).

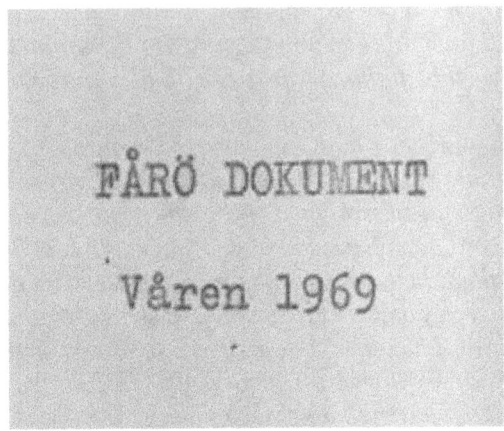

Bergman ripagò gli abitanti di Faro, per la gentile e discreta, anzi muta, accoglienza sulla loro isola con due documentari: un *FaroDokument* (letteralmente: documento di Faro) girato nel 1969 e un *follow-up,* il *FaroDokument* girato esattamente dieci anni dopo, nel 1979.

Quasi avesse deciso di monitorare i cambiamenti economici, architettonici, sociali, paesaggistici che si fossero registrati periodicamente sull'isola.

Il primo documentario che Bergman realizzò nel 1969 è in bianco e nero ed è permeato da una di una forte tensione di impegno sociale, girato per la televisione svedese, con produzione *Cinematograph,* venne proiettato per la prima volta il 10 novembre 1970, dedicato chiaramente alla sua isola, nel quale la vera protagonista è la gente del posto, alla quale viene dato spazio visivo per esporre i propri problemi socio-economici e per rivendicare i propri diritti disattesi.

Bergman era stato profondamente attratto dalle persone che vivevano lì: pastori, pescatori, contadini, gente semplice, e sentì il forte bisogno di documentarne la loro vita quotidiana.

Il direttore di produzione fu Lars-Owe Carlberg; la fotografia affidata al grande Sven Nykvist; il montaggio di Siv Lundgren-Kanalv.

40

Il film fu proiettato la prima volta il primo di Gennaio del 1970 ed ha una durata di 78 minuti. Ingmar Bergman è anche il reporter.

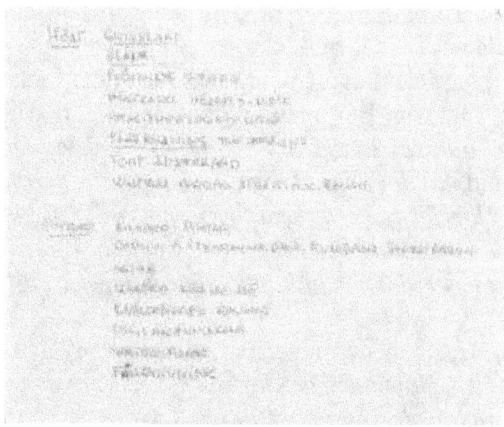

Il secondo documento di Faro, sempre con la regia di Bergman, e la direzione di Lars Owe-Carlberg, vede la fotografia di Arne Carlson ed è a colori.
Il montaggio fu curato da Sylvia Ingmarsson.
Le immagini, molto sugestive, sono accompagnate con musiche, altrettanto suggestive, di vari autori: Svante Petterson, Sigvard Huldt, Dag&Lena, Ingmar Nordstroms, Strix Q., Rock de Luxe, Ola &The Janglers.
La durata è considerevolmente più lunga del precedente: 103 minuti.
La prima fu il 24 Dicembre 1979.

5 - BERGMAN, FARO E I SUOI ABITANTI.

Se scegli di abitare a Faro non devi avere paura della solitudine. Passavano giorni interi senza che Bergman parlasse con anima viva.[98] E non devi avere paura del vento, né del buio, né dell'inverno, del ghiaccio, della neve e del freddo.
Dimenticavo! Non devi avere paura nemmeno dei fantasmi.[99]
E, infatti, coi fantasmi Bergman ha una certa familiarità: *"C'era una presenza in questo luogo.* (Nel Teatro Reale Drammatico di Stoccolma, n.d.A.) *Se si guarda bene, in certe serate, a creare il fantasma di Harriet Bosse... Un'attrice molto amata da Strindberg... E' vero. Io l'ho vista.*[100]*" "Fantasmi, demoni e altri esseri senza nome e senza fissa dimora mi hanno circondato fin dall'infanzia.*[101]*"*

Le case che Bergman possiede Faro sono più di una. *"Ho diverse case a Faro. Ad Hammars ne ho tre. Una si chiama* Angen, *e una* Skrivsgutan *(letteralmente: casetta per la scrittura). Poi ho un'altra casa molto bella a Damba, è del '700. Quando girammo* Scene da un matrimonio, *togliemmo tutto quello che c'era dentro e la trasformammo in* atelier *per le riprese. Quando il film fu ultimato, pensai che volevo avere un cinema. Ci pensavo da quando ero bambino. Una stalla è diventata in seguito proprio un bel cinema."*
Oltre a costituire il set per alcuni dei suoi film più noti, Faro diviene anche il luogo dove Bergman fa il lavoro di post-produzione dei suoi film. Uno di essi è *Il flauto magico*[102], forse la migliore trasposizione cinematografica mai realizzata di un'opera lirica. *"Il film fu montato a Faro. Quando la copia di lavoro fu pronta, con una colonna sonora completa, organizzammo la nostra prima nel mio studio*

---

98 Come confessa a Marie Nyrerod in una sua famosa intervista filmata sull'isola nel 2003.
99 *"Quando arriva l'ora del lupo, quella delle ombre interiori, intorno alla casa di Faro si aggirano gli spettri due in particolare, quello di un giudice e quello di un ciabattino. Ho sentito le loro voci."*
100 O.Assayas e S.Bjorkman, *Conversazione con Bergman.*
101 Dalla copertina di *Lanterna magica.*
102 *Trollflojten*, 1974.

cinematografico di allora. Il pubblico era formato da collaboratori, vicini di casa, figli e nipoti. Era una sera di fine agosto con un magico chiaro di luna sul mare. Bevemmo champagne, accendemmo lanterne colorate e qualche piccolo fuoco d'artificio." [103]

103 Ingmar Bergman, *Immagini.*

6 – BERGMANVECKAN A FARO.[104]

BergmanVeckan, la Settimana Bergman, è un omaggio all'opera di Ingmar Bergman, con film, ospiti, seminari e visite a luoghi riprese di Faro.

Le opere voluminose di Bergman sono una costante fonte di ispirazione per i registi di tutto il mondo e i loro temi preferiti sono molto validi e attuali.

L'obiettivo che gli organizzatori si propongono con la Settimana Bergman è quello di vedere i film di Bergman in una luce nuova ed evidenziarne, attraverso discussioni e testimonianze diverse, la poetica senza tempo che corre come un *fil rouge* che attraversa il suo lavoro.

Gli amanti del regista e dei suoi film si radunano, a fine giugno, ogni anno, dal 2004 a Faro, per celebrare la sua opera.

Con proiezioni, letture, relatori internazionali e altri eventi speciali, come spettacoli nel cinema privato del regista e l'incredibile Bergman Safari, è possibile affacciare lo sguardo sul suo lavoro come sulla sua vita di ogni giorno.

Oltre alle solite informazioni che si possono trovare in biografie e documentari, esso comprende racconti rari, personali, a volte inediti, da parte di abitanti dell'isola e amici con i quali Bergman era solito lavorare.

Uno di questi aneddoti pare racconti di come Bergman, al termine dei suoi giorni, spiegava la sua fascinazione per i *tv-drama*, dicendo, con linguaggio un po greve ma efficace, che essi erano un po' *"come scopare"*, mentre produrre un film era più un *"fare l'amore"*. Insomma, una settimana indimenticabile in un luogo davvero magico. Su un'isola dove il tempo pare essersi fermato. *"...Il taxi alla fine ci portò ai faraglioni nella parte settentrionale dell'isola. Stavamo in piedi nel mezzo della tempesta e guardavamo, con gli occhi lucidi, queste figure misteriose, divine, che alzavano le loro fronti contro le onde e l'orizzonte che si oscurava [...]. Non sono*

---

104 *BergmanVekan* (La Settimana Bergman).

sicuro di cosa accadde a questo punto. Se volessi essere solenne, potrei dire di aver finalmente trovato il paesaggio ideale; la mia vera casa. Se volessi essere divertente, potrei parlare di amore a prima vista...[105]

A qualche visitatore più ardito è riuscito addirittura di fotografare l'interno della mitica casa di Bergman. Le tende aperte erano una tentazione troppo grande, anche nella certezza più assoluta che lui non ci fosse più da tempo. E, comunque, per sbirciare l'abitazione di un mito si può sfidare anche un'incriminazione per violazione di domicilio grave. Dall'esterno si vedeva perfettamente lo studio del regista, la scrivania con la sua sedia e un notevole ritratto di August Strindberg, dipinto da Edward Munch alla fine dell'800; con il n.88, uno splendido ritratto fotografico eseguito dal famoso fotografo Irving Penn, uno dei soli due beni che avessero un cospicuo valore, non solo sentimentale, messi all'asta dai famigliari del regista, dopo la sua morte. Si, perché i beni del compianto regista vennero battuti e venduti all'asta da casa *Bukowskis*, per evitare controversie tra i membri della famiglia. L'asta fruttò la bellezza di 2,5 milioni di dollari. Tra le curiosità spicca certamente col n.270 la scacchiera, completa di scacchi, più famosa della storia del cinema: quella della sfida tra Antonius Block e la Morte, ne *Il settimo sigillo* del 1956; col n.256 la lanterna magica che tanto significato, materiale ma soprattutto ideale e artistico, ha rivestito nella vita e nella carriera di Bergman e, infine, col n.271 il *ciak* originale usato sul set del film *Il silenzio* del 1962. E' nel suo studio, lunghissimo e zeppo di libri, che Bergman si ritira spesso, anche più volte nel corso della stessa giornata. Per scrivere le sue sceneggiature, i suoi lavori teatrali, i suoi libri. O, semplicemente per prendere appunti su foglietti volanti. A Faro, nel 1987, terminò la stesura definitiva della sua autobiografia *Lanterna magica*. Sempre sull'isola programmò il suo libro-intervista *Immagini*, con domande di Lasse Bergstrom e risposte del regista. Le relative conversazioni iniziarono il 28 settembre 1988 e si conclusero a Stoccolma il primo Febbraio 1990. Il libro è costituito,

---

105 Ingmar Bergman, *Lanterna magica.*

essenzialmente, dalla trascrizione di 60 ore della conversazione di Bergstrom con Bergman. Parte dalle domande dell'intervistatore, ma esse non compaiono. Il testo definitivo è stato rielaborato, rivisto e composto dallo stesso Bergman. Bergman si ritirava spesso nella sua biblioteca anche per ascoltare la tanto amata musica classica. Negli ultimi anni della sua vita, quando aveva ormai rinunciato a girare e a dirigere, ma si limitava solo a scrivere, Bergman era ossessionato dalla ricerca delle radici della musica. Si chiedeva insistentemente e, altrettanto insistentemente, cercava una risposta definitiva a questo interrogativo: da dove proviene la musica e come si è evoluta e mutata nel corso dei secoli e dei millenni? Bergman si ritira nel suo studio, anche semplicemente per raccogliere le sue molte idee e per pensare. Anche negli ultimi anni della sua vita si vantava pubblicamente di non aver mai perso la sua leggendaria capacità di concentrazione, né la sua produttività. *"La mia fortuna è che la creatività non mi ha mai abbandonato. In poche occasioni si è appannata, subito dopo ha ripreso a macinare memoria, visioni, storie, ossessioni e personaggi."*[106] Sebbene una volta abbia confessato candidamente a G.L.Rondi: *"Una mia cattiva qualità? L'incostanza. Mi propongo di fare qualcosa, arrivo al punto in cui mi accorgo di non avere più nessuna voglia di farla."* Nel grande studio di Bergman campeggiano i quattro scaffali che compongono l'ampia biblioteca, e ancora di più, il monumentale e famosissimo camino che il regista si fece costruire appositamente, dopo averlo visto in un film russo. La donna russa, vista nel film, ci dormiva quasi dentro *"...perché* - diceva - *è il posto più caldo della casa!"*. Per Bergman diventava una specie di pensatoio. In esso ci si poteva anche sdraiare e godersi, contemporaneamente a un buon bicchiere di vino rosso, il tepore confortante del fuoco scoppiettante e fuori, attraverso le ampie vetrate, l'esterno molto curato dell'abitazione, con la vista della passerella di legno, del muretto a secco di pietra locale, del prato, verde d'estate innevato d'inverno, del mare lontano tra le chiome degli alberi. A lato del grande camino russo, poco lontano, campeggia, ormai fermo e senza rintocchi, il monumentale *Gran*

---

106 Ingmar Bergman intervistato da Marie Nyrerod.

Salone in legno di betulla intarsiato, l'orologio da parete proveniente da Uppsala, esattamente da *Trädgårdsgatan,* dove c'era la grande e signorile casa della nonna, che gli ricorda tanto l'infanzia ormai lontana, ma mai dimenticata. *"L'orologio della sala da pranzo, che quasi raggiunge il soffitto decorato, parla tra se, burbero e occupato solo di se stesso.*[107]*"* L'arioso e luminosissimo appartamento della nonna, situato in un edificio risalente al 1888, ha fornito l'ispirazione a molte opere di Bergman, tra cui il famosissimo film *Il posto delle fragole* ed è stato fedelmente ricostruito nell'altro suo film, quello della sua infanzia raccontata: *Fanny e Alexander.* Lo stesso Bergman mostra a Marie Nyrerod, in una famosa intervista rilasciata nel 2003 a casa sua, sull'isola, l'orologio da tasca del padre e l'anello di matrimonio della mamma con l'incisione *"Karin, 13 marzo 2013".* Nel video si vedono anche: una curiosa serie di statuette di legno, poste sul davanzale della cucina, e un omino che filma con una vecchia macchina da presa. Che non sia lo stesso Bergman? Poco oltre su uno sgabello in bella vista, tra scarabocchi e conti, si vede anche l'autografo del regista, accompagnato dallo schizzo di un piccolo demone, con tanto di coda e forcone, tratteggiato in modo un po *naif* dallo stesso Bergman.

---

107 Ingmar Bergman, *Lanterna magica.*

7 – KARIN'S ANSIKTE.

La parola *ansikte*, che in svedese significa volto, ricorre molto spesso negli scritti di Bergman e ben tre volte nei titoli dei suoi film.

La prima volta nel 1958 con *Il Volto* (*Ansiktet*).

Poi ricompare nel 1976 ne *L'immagine allo specchio* (*Ansikte mot ansikte*).

L'ultima volta nel 1986, con *Il volto di Karin* (*Karin's ansikte*).

Può apparire strano ma uno dei film più belli, poetici, accorati ed accurati, riusciti di Bergman, sul tema a lui molto caro del volto umano, non è uno dei suoi lungometraggi più famosi, ma questo piccolo film, della durata di meno di 14 lunghi, profondi minuti: esattamente 13 minuti e 38 secondi.

Con la produzione della *Cinematograph, Filminstitutet*; la regia e la sceneggiatura, naturalmente sono sue; la musica di Kabi Laretei.

La prima avvenne il 29/09/1986.

"Alcuni anni fa feci un piccolo film sul volto della mamma. Lo feci con la mia macchina da presa a 8 millimetri e un obiettivo speciale. Alla morte di papà avevo rubato tutti gli album di fotografie della famiglia, avevo così a disposizione un materiale considerevole. Il tema del film era dunque il volto della mamma, il volto di Karin, dalla prima immagine all'età di tre anni, all'ultima, una foto tessera scattata qualche mese prima dell'ultimo infarto. Giorno dopo giorno studiai centinaia di fotografie attraverso l'obiettivo che ingrandiva e delimitava: l'orgogliosa beniamina del vecchio padre; la scolaretta insieme ai compagni; la bambina (...) infastidita; la giovane infermiera in uniforme; la fotografia del fidanzamento; la bella coppia con i bambini belli e ben curati; (...) ancora una foto dove la mamma ride; (...) e poi viene l'ultima immagine, la fotografia per il passaporto. Alla mamma piacevano i viaggi, il teatro, i libri, i film, la gente."

Certe volte, nella solitudine della sua casa di Faro, Bergman sogna addirittura ad occhi aperti. Come, sicuramente, successe il 25.09.1986. Quel giorno, presumibilmente sta lavorando alla sua famosissima autobiografia *Lanterna magica*, che sta ultimando. Nelle pagine finali pensa a sua madre Karin. Ha appena rubato qualche riga dal suo diario personale, con cui intendere chiudere il libro ed ha appena terminato il film dedicato a lei: *Karin's Ansikte* (Il volto di Karin). *"Mamma, voglio chiedervi una cosa importante. Molti anni fa, credo fosse l'estate dell'80, ero seduto sulla mia sedia nello studio di Faro, pioveva, una di quelle calme piogge estive che durano tutta la giornata, piogge che non esistono più veramente. Leggevo e ascoltavo la pioggia. Allora sentii voi mamma, eravate vicino a me, accanto a me, potevo tendere la mano e stringere la vostra. Non m'ero addormentato, ne sono sicuro, e non fu nemmeno un'esperienza soprannaturale. Sapevo che eravate con me in quella stanza, oppure era immaginazione? Non riesco a capire e ve lo domando! La mamma, che mi ha osservato con attenzione, volta il capo dall'altra parte, prende un piccolo cuscino a quadri verdi e se lo appoggia sullo stomaco. Non ero io, mi dice con calma. Sono ancora troppo stanca. Sei sicuro che non fosse qualcun'altra? Scuoto la testa: scoraggiamento, sensazione d'essere invadente."*[108]

---

108 Ingmar Bergman, *Lanterna magica.*

8 – OLOF PALME.

Insieme a Ingmar Bergman e a Linneo l'altro grande personaggio storico che ha incrociato i suoi destini personali con quelli dell'isola di Faro è Olof Palme.

Importante uomo politico svedese, che ricoprì per molti anni il ruolo di Primo Ministro del Governo svedese e di *leader* del Partito Socialdemocratico, il cui nome completo era Sven Olof Jaochim Palme.

Nato a Stoccolma il 30 Gennaio del 1927 e morto in seguito a un attentato terroristico avvenuto sempre a Stoccolma, all'uscita di un cinema nel quale si era recato per assistere a un film il 28 Febbraio 1986.

Era senza scorta, come sua abitudine.

La morte di Palme fu ufficialmente dichiarata qualche ora dopo: il I° marzo, sei minuti dopo la mezzanotte. Anche la moglie fu ferita nell'attentato, ma senza gravi conseguenze e gli sopravvisse.

Bergman rimase colpito dall'attentato a Palme. Come, del resto, tutta la sua *troupe* con la quale stava allestendo uno spettacolo di Strindberg, *Il sogno*, al *Dramaten* di Stoccolma.[109]

Ne parla nella sua biografia *Lanterna magica*. *"La mattina dopo l'assassinio di Olof Palme ci riunimmo nell'anticamera della sala prove, era impossibile iniziare il lavoro della giornata. Parlavamo incerti, come andando a tastoni, cercavamo di avvicinarci gli uni agli altri, qualcuno piangeva. (...) Come dobbiamo comportarci col nostro turbamento? Dobbiamo rimandare la prova, dobbiamo rimandare lo spettacolo di questa sera? Adesso abbandoniamo* Il sogno *di Strindberg. Non possiamo rappresentare un dramma in cui c'è una che va in giro a predicare che gli uomini fanno pena. Un prodotto artistico insopportabilmente antiquato, bello ma lontano, forse morto. Una delle attrici più giovani disse: < Può darsi che sbagli, ma credo che dobbiamo provare, credo che dobbiamo*

---

109 Così era chiamato il *Dramatiska Teatern.*

recitare. Chi ha ucciso Olof Palme vuole il caos. Se rimandiamo, contribuiamo al caos, lasciamo che siano i nostri sentimenti a prendere il sopravvento. In questo momento non si tratta di sentimenti privati, occasionali. Il caos non deve prevalere.> *Lentamente, dubbiosamente,* Il sogno *divenne spettacolo. Provammo in presenza del pubblico. A volte era attento ed entusiasta, a volte muto e distratto.*"

Olof Palme era solito passare le sue vacanze estive insieme alla sua famiglia sull'isola di Faro. Dal 1955 al 1985, per trent'anni lo fece ininterrottamente. Ma non risulta che abbia mai intrattenuto rapporti personali con Ingmar Bergman, suo unico coinquilino importante. Non esistono foto, testimonianze, articoli sui giornali che parlino di avvenuti incontri tra i due sull'isola di Faro, mentre sono documentati incontri in occasione di eventi ufficiali ai quali i due presenziarono contemporaneamente a Stoccolma, per lo più per occasioni offerte dal cinema. Probabilmente Ingmar Bergman non cercò mai d'incontrare Olof Palme perché imputava anche a lui e al suo governo socialdemocratico parte della responsabilità per l'accusa di frode fiscale che gli piovve addosso nel 1975. Qualcuno avanza l'ipotesi che Olof Palme non cercò mai Bergman perché non gli sarebbero troppo piaciuti i due documentari che il regista realizzò su Faro. Intrisi profondamente di denuncia sociale e troppo veristici per non rischiare di sottolineare pesantemente le condizioni di vita disagiate della popolazione isolana rispetto a quelle molto più agiate e confortevoli del resto della nazione.

Un monumento realizzato in pietra locale, pare pescata dal fondo del mare di Faro, è stato eretto sull'isola a ricordare la figura politica di Olof Palme.

9 - CARL NILSSON LINNAEUS (Linneo).[110]

Divenuto Carl von Linné in seguito all'acquisto di un titolo nobiliare e noto ai più semplicemente come Linneo è stato un medico e naturalista svedese, fondatore della moderna scienza botanica, autore della nomenclatura binomia degli animali e delle piante. Uno scienziato molto noto nel XVIII° secolo, tra l'altro perché considerato il padre della moderna classificazione scientifica degli organismi viventi.

"Nomina si nescis, perit et cognitio rerum."[111]

La lettera L., posta a seguito delle indicazioni di nomenclatura bi-nominale nei cataloghi di specie, identifica infatti il cognome dello scienziato.

Dopo Bergman e Olof Palme è la personalità più famosa ed importante che abbia mai messo piede sull'isola di Faro. E, come vedremo in seguito, accennando brevemente alla sua biografia il nome di Linneo e quelli di Bergman e di Faro s'incroceranno spesso, rivelando delle sorprendenti analogie.[112]

Linneo nasce il 23 maggio del 1707 in una fattoria nella provincia di Smaland, nel sud della Svezia, ed esattamente nella contea di Kronoberg, da Nils Ingemarson, un contadino e Christina Broderson, figlia del pastore protestante[113] della locale parrocchia.
Alla morte del suocero, quando il piccolo Carl aveva solo 18 mesi, Nils ereditò la carica di pastore e assunse la guida religiosa della piccola comunità.

---

110 La biografia di Linneo è stata attinta a piene mani, dall'autore, dal sito Wikipedia.it.
111 *"Se non ne conosci il nome, muore anche la conoscenza stessa delle cose".*
112 Uno dei primi amori di Bergman si chiamava Linnea. (*"La mamma aveva preso a servizio una ragazza della zona, si chiamava Linnea."* da *Lanterna magica*)
113 Anche il padre di Ingmar Bergman, Erik Akerblom, era un pastore protestante.

Anche il padre di Carl era interessato alla botanica, tanto che adottò come cognome, all'inizio degli studi in teologia, *Linnaeus*, ovvero la latinizzazione della parola dialettale *lind* (tiglio) traendo spunto da un grosso tiglio situato nei pressi della sua casa natale.

Questa stessa scelta era stata fatta precedentemente da due fratelli della nonna paterna di Linneo, quando dovevano intraprendere gli studi per diventare sacerdoti.

La pianta di tiglio è tutt'oggi in Vittaryd, Smaland, seppure in cattive condizioni.

Anche Carl, per il quale era prevista una carriera ecclesiastica, sviluppò fin dall'infanzia un grande interesse per la botanica, tanto che il suo insegnante di scienze nonché medico locale, Johann Rothman, convinse suo padre a fargli frequentare l'università di Lund.[114]

Nel 1727 si iscrisse all'Università dove iniziò lo studio della medicina, ma molto probabilmente il suo vero interesse era quello di studiare le sostanze medicamentose usate a quei tempi, la maggioranza dalle quali era costituita da principi attivi estratti dai vegetali.

L'anno successivo si trasferì all'Università di Uppsala[115], allora la migliore della Svezia, dove divenne studente di Olaus Rudbeck il giovane.

Linneo passò la maggior parte del suo tempo a raccogliere e a studiare vari tipi di piante e già dal 1730 iniziò a prendere forma il suo metodo di classificazione cd. tassonomica. Ancora studente, giunto alla convinzione che gli organi riproduttivi delle piante, ovvero le parti del fiore (petali, stami e pistilli) potessero essere utilizzati come base per la loro classificazione, scrisse un breve trattato sull'argomento, *"Preludia Sponsaliorum Plantarum"* (Le nozze delle piante), che gli fece ottenere quando ancora era studente l'incarico di docente presso il giardino botanico.

---

114 Lund è la sede del giubileo medico di Isak Borg, protagonista del celeberrimo di film di Bergman: *Smulltronstallet* (*Il posto delle fragole*, 1957).

115 Ingmar Bergman nasce a Uppsala il 14 Luglio del 1918.

Il suo trattato gli procurò, purtroppo, da parte dello Stato Svedese anche un'accusa e una condanna per immoralità: poiché ebbe l'imprudenza di basare la classificazione su quello che osò chiamare "il sistema sessuale" delle piante, esaminando i loro "organi riproduttivi". Da parte della Comunità Luterana seguì una condanna per "sospetto di libertinismo". Nel 1731 l'Accademia delle Scienze di Uppsala finanziò la sua spedizione in Lapponia, in quanto Linneo era in ristrettezze economiche.

Scrisse il resoconto della sua spedizione etnografica e botanica nell'opera *"Lachesis lapponica"* (pubblicata postuma nel 1811); nel 1734 organizzò un'altra spedizione nella Svezia centrale. I risultati scientifici furono illustrati nell'opera *"Flora Lapponica Exhibens Plantas per Lapponiam Crescentes, secundum Systema Sexuale Collectas in Itinere Impensis"* (1737). Nel 1735 si trasferì in Olanda e terminò i suoi studi di medicina all'università di Harderwijk. Successivamente però si iscrisse anche all'università di Leiden per continuare i propri studi. In questa fase della sua vita la sua reputazione di botanico era già ampia e affermata. Nel 1738 tornò in Svezia dove iniziò a esercitare la professione di medico, dedicandosi principalmente alla cura della sifilide. Nel 1739 fu uno dei fondatori dell'Accademia Reale Svedese delle Scienze. Nello stesso anno sposò Sara Morea, figlia di un medico. Due anni dopo, nel 1741, ottenne una cattedra presso la facoltà di medicina all'Università di Uppsala, ma l'anno successivo la scambiò con la cattedra di botanica, dietetica e materia medica (che conservò fino alla morte). A Uppsala restaurò il giardino botanico, disponendo le piante secondo il suo ordine di classificazione. Sempre nel 1741, appena dopo il suo ritorno dalla spedizione all'estero, accettò una cattedra all'Università di Uppsala e si recò a Faro[116] per una campagna di studi botanici. Ricorda quell'eccezionale evento una targa inchiavardata su un albero secolare, in un angolo di Faro, denominato Ava. Linneo continuò a organizzare spedizioni in tutto il mondo, con il fine di scoprire e classificare tutti gli esseri viventi e i minerali della Terra.

---

116 L'isola sulla quale risiedette Bergman dal 1967 fino alla morte, sopraggiunta il 30 Luglio del 2007.

Molti dei suoi studenti presero parte alle spedizioni e alcuni addirittura perirono durante i viaggi. Acquistò, poi, l'azienda di Hammarby dove creò un modesto museo destinato ad accogliere la sua collezione privata. Nel 1761 il Re Adolfo Federico di Svezia gli conferì un titolo nobiliare a seguito del quale Linneo convertì il suo nome in Carl von Linné. I suoi ultimi anni di vita furono caratterizzati da un crescente pessimismo e dalla depressione; nel 1774 fu colpito da una serie di piccoli infarti e morì nel 1778.

10 – POSTFAZIONE.

Quando il quadrante del suo orologio perse le lancette e il suo tempo fu terminato, Ingmar Bergman era nella sua Faro. *"La notizia della morte di Bergman era arrivata da Faro, l'isola dove aveva deciso di vivere fin dagli anni '70, come un colpo di fucile. Lunedì 30 luglio 2007 alcune generazioni si sono sentite orfane. Era scomparso un padre putativo che con fare burbero e deciso aveva accompagnato la nostra prima adolescenza e poi la maturità indicandoci i temi sui quali è bene ogni tanto soffermarsi, prendere fiato, pensare."* [117]

Non sono, tanto meno mi considero, un interprete del pensiero del *Genio di Uppsala*, ma è presumibile - comunque il mio cuore e la mia passione per quest'uomo e per le sue opere mi inducono a pensarlo - che Ingmar Ernst Bergman, verso la fine della sua lunga vita, abbia potuto scrivere una o più frasi che potessero suonare più o meno così: *"Ho abitato su quest'isola per circa 40 anni, quasi ininterrotti. Ho ambientato su quest'isola* Come in uno specchio *e* Persona, *forse i miei due film più difficili e sofferti, quelli che meglio degli altri fanno venire alla luce le mie scissioni più intime e nascoste. Passeggiando sulle sue spiagge tra le barche arenate ho respirato l'aria salmastra e fredda del mar Baltico. Qui ho scelto di vivere, qui voglio morire, qui sarò sepolto."*

Dopo la morte, avvenuta il 30 agosto del 2007, in straordinaria concomitanza con la dipartita di un altro grande, del cinema italiano e mondiale: Michelangelo Antonioni, Bergman fu sepolto nel luogo che lui stesso aveva scelto e dove raggiunse l'ultimo grande amore della sua vita Maria Von Rosen Bergman, che lo aveva preceduto di ben 22 anni. *"Ingrid e io scherzavamo sulla morte. Io sarei dovuto morire e lei seduta al mio fianco, doveva restare la sua ultima immagine. Avrebbe ereditato quello che ho sull'isola di Faro e tutto sarebbe continuato come prima. Invece, la sua morte è stata la cosa più crudele che mi sia capitata, mi ha reso invalido. Per me, adesso, è assolutamente indifferente continuare a vivere."*

---

117 Aldo Garzia, *Bergman, The Genius.*

A tale proposito penso che una delle cose più belle, vere e profonde che mai mi sia capitato di leggere sulla morte di un proprio caro l'abbia scritta Goffredo Fofi nella postfazione al libro *Tre diari[118]*: *"Eppure si esce dalla lettura di questi diari che scavano nel dolore e nei sentimenti a confronto con la morte, ricavandone una convinzione di cui siamo grati soprattutto a Ingmar: la convinzione che non è sempre vero, come hanno sostenuto più pensatori del Novecento, che il sopravvissuto è, magari nel più profondo e nella più indichiarabile delle sue reazioni, contento di esserci ancora, e dunque sollevato dalla morte dell'altro... Non è sempre così, ed è anche vero che qualcuno, sinceramente, ambirebbe a poter essere lui a morire, se solo potesse, al posto della persona amata."*

Ora Ingrid e Ingmar sono di nuovo insieme (meglio: ancora insieme) e insieme riposano a Faro, nel giardino di *Kyrkorad Church*. La chiesa protestante che sta a metà strada, tra un'estremità e l'altra dell'isola: dall'attracco a Farosund a Faro fyr (il faro di Faro), la sua punta estrema.

Lo spazio riservato al culto, come del resto la navata e il resto della chiesa è, come da rigida tradizione protestante, semplice, spoglio ed essenziale.

Alla sinistra, di fronte all'entrata, c'è un quadro che risale al 1618 coperto con una spessa protezione di cristallo. Dipinto con tratto *naif* e senza alcuna concessione allo studio della prospettiva, ricorda un episodio avvenuto più di tre secoli fa, ad alcuni pescatori dell'isola: mentre si trovavano al largo e sostavano su una lastra di ghiaccio, la lastra si staccò d'improvviso dalle altre e iniziò a vagare nel mare. La maggior parte dei pescatori riuscì fortunosamente o miracolosamente a salvarsi.

Nel giardino (*kyrkan trädgården*) della chiesa (*Faro Kirka*) ora c'è

---

118 Il libro contiene la descrizione del periodo di malattia di Ingrid, dalla scoperta alla morte, scritta a tre mani dal regista, dalla moglie, dalla figlia di lei, Maria.

anche la tomba[119] di Ingrid e Ingmar Bergman, ben indicata da una piccola mappa incastonata sul cancello d'ingresso. Il luogo preciso lo ha scelto lo stesso regista, che ogni tanto si recava a passeggiare proprio in quel giardino.

Dopo tutto, quale territorio è più adatto alla meditazione di un camposanto?

---

119   La   tomba   è   visibile   su   Google-Maps,   il   link:
    https://maps.google.com/maps?hl=it

GLI UNDICI FILM PREFERITI DI
INGMAR BERGMAN.

1. *The Circus* (*Il circo*, di Charles Chaplin, USA 1928)
2. *Port of Shadows* (*Il porto delle nebbie*, *Quai des brumes*, di Marcel Carné, France 1938)
3. *The Conductor* (*Direttore d'orchestra*, *Dyrygent*, di Andrzej Wajda, Poland 1979)
4. *Raven's End* (*Il quartiere del corvo*, *Kvarteret Korpen*, di Bo Widerberg, Sweden 1963)
5. *The Passion of Joan of Arc* (*La passione di Giovanna D'Arco*, *La passion de Jeanne d'Arc*, di Carl Th. Dreyer, France 1927)
6. *The Phantom Carriage* (*Il carretto fantasma*, *Körkarlen*, di Victor Sjöström, Sweden 1921)
7. *Rashomon* (*Rashomon*, di Akira Kurosawa, Japan 1951)
8. *The Road* (*La Strada*, di Federico Fellini, Italy 1954)
9. *Sunset Boulevard* (*Viale del tramonto*, di Billy Wilder, USA 1950)
10. *Two German Sisters* (*Anni di piombo*, *Die bleierne Zeit*, di Margarethe von Trotta, BRD 1981)
11. *Andrei Rublev* (*Andrei Rubliov*, di Andrei Tarkovsky, Soviet Union 1969)

BIBLIOGRAFIA

Ingmar Bergman, *Immagini.*

Ingmar Bergman, *Lanterna magica.*

Ingmar Bergman e Maria von Rosen, *Tre diari.*

Antonio Costa, *Ingmar Bergman.*

Aldo Garzia, *Bergman, The Genius.*

Giovanni Invitto, *Idee e schermi bianchi.*

Giovanni Invitto, *L'occhio tecnologico.*

Giovanni Invitto, *Fenomenologie e lessici del dubbio.*

Giovanni Invitto, *Tempi del cinema, tempi nel cinema.*

Olivier Assayas e Stig Bjorkman, *Conversazione con Bergman.*

Salvatore M.Ruggiero, *Il genio di Uppsala - Il grande cinema di Ingmar Bergman spiegato a chi lo ignora.*

Alberto Corsani, *Il libro che affiora.*

FILMOGRAFIA COMPLETA DI INGMAR BERGMAN:
Da Spasimo[120] a Sarabanda

1. *Saraband* (2003) (Film TV), *Sarabanda*;
2. *Bildmakarna* (2000), *I costruttori di immagini* (Film TV);
3. *Vanità e affanni* (1997) (Film TV), *Larmar och gör sig till*;
4. *Sista skriket* (1995) (Film TV);
5. *Backanterna* (1993) (Film TV);
6. *Markisinnan de Sade* (1992) (Film TV);
7. *Il Segno* (1986) (Film TV) - *De två saliga*;
8. *Doc. su Fanny e Alexander* (1986);
9. *Dom Juan* (1985) (Film TV);
10. *Dopo la prova* (1984) (Film TV), *Efter repetitionen*;
11. *Karins ansikte* (1984), *Il volto di Karin*;
12. *Hustruskolan* (1983) (Film TV), *La scuola delle mogli*;
13. *Fanny e Alexander* (1982), *Fanny och Alexander*;
14. *Un mondo di marionette* (1980) (Film TV), *Aus dem Leben der Marionetten*;
15. *Documentario su Faro* (1979) (Film TV), *Fårödokument 1979*;
16. *Sinfonia d'autunno* (1978), *Höstsonaten*;
17. *L'uovo del serpente* (1977), *The Serpent's Egg*; 18 *L'immagine allo specchio* (1976), *Ansikte mot ansikte*;
19. *Il flauto magico* (1975) (Film TV), *Trollflöjten*;
20. *Misantropen* (1974) (Film TV), *Il misantropo*;
21. *Scene da un matrimonio* (1973), *Scener ur ett äktenskap*;
22. *Sussurri e grida* (1972), *Viskningar och rop*;
23. *L'adultera* (1971), *Beröringen*;
24. *Documento su Faro* (1970) (Film TV), *Fårödokument 1969*;
25. *Passione* (1969), *En passion*
26 *Il rito* (1969) (Film TV), *Riten*;
27. *La vergogna* (1968), *Skammen*;
28. *L'ora del lupo* (1968), *Vargtimmen*;

---

120 In realtà *Spasimo* (*Hets*, 1945) fu diretto da Alf Sjoberg, solo le scene finali furono girate da Bergman che era lo sceneggiatore, chiamato dai produttori a sostituire il titolare per una sua indisposizione. Per questo motivo, da molti critici, quel film viene considerato il suo vero esordio nella regia cinematografica, prima di *Crisi* (*Kris*, 1946).

61

29. *Stimulantia* (1967) (segmento *Daniel*);
30. *Persona* (1966), *Persona*;
31. *Don Juan* (1965/I) (Film TV);
32. *A proposito di tutte queste... signore* (1964), *För att inte tala om alla dessa kvinnor*;
33. *Il silenzio* (1963), *Tystnaden*;
34. *Ett drömspel*(1963) (Film TV);
35. *Luci d'inverno* (1963), *Nattvardsgästerna*;
36. *Come in uno specchio* (1961), *Såsom i en spegel*;
37. *L'occhio del diavolo* (1960), *Djävulens öga*;
38. *La fontana della vergine* (1960), *Jungfrukällan*;
39. *Oväder* (1960) (Film TV);
40. *Il* volto, *Ansiktet*;
41. *Rabies* (1958) (Film TV);
42. *Alle soglie della vita* (1958), *Nära livet*;
43. *Venetianskan* (1958) (Film TV);
44. *Il posto delle fragole* (1957), *Smultronstället*;
45. *Herr Sleeman kommer* (1957) (Film TV);
46. *Il settimo sigillo* (1957), *Det sjunde inseglet*;
47. *Bakomfilm smultronstället* (1957)
48 *Sorrisi di una notte d'estate* (1955), *Sommarnattens leende;*
49. *Sogni di donna* (1955), *Kvinnodröm*;
50. *Lezione d'amore* (1954), *En lektion i kärlek*;
51. *Una vampata d'amore* (1953), *Gycklarnas afton*;
52. *Monica e il desiderio* (1953), *Sommaren med Monika*;
53. *Donne in attesa* (1952), *Kvinnors väntan*;
54. *Un'estate d'amore* (1951), *Sommarlek*
55 *Questo non accadrebbe qui* (1950), *Sånt händer inte här*;
56. *Verso la gioia* (1950), *Till glädje*;
57. *Sete* (1949), *Törst*;
58. *Prigione* (1949), *Fängelse*;
59. *Città portuale* (1948), *Hamnstad*;
60. *Musica nel buio* (1948), *Musik i mörker*;
61. *La terra del desiderio* (1947), *Skepp till India land*;
62. *Piove sul nostro amore* (1946), *Det regnar på vår kärlek*;
63. *Crisi* (1946), *Kris* - Svezia.
64. *Spasimo (1945), Hets* – Svezia*

I nove figli di Ingmar Bergman:

Lena (1945) da Else Fisher.
Eva (1945), Jan (1946-2000) e i gemelli
Anna e Mats (1948) da Ellen Hundstrom.
Ingmar (1950) da Gun Hagberg.
Maria (1959) da Ingrid von Rosen.
Daniel (1962) da Kabi Laretei.
Linn (1966) da Liv Ullmann.

Indice